台灣風土系列❶

開發的故事

審訂：施志汶
文：管家琪
封面繪圖：詹志宏
內頁繪圖：劉素珍、陳炫諭

編者的話

近幾年來，政府積極推動鄉土教育，希望國中、小學學生能對台灣的風土文物有所認識。然而學校老師爲了豐富自己鄉土的素養與知識，卻有資料難尋之感。聯經出版公司在出版金鼎獎童書《台灣歷史故事》之後，獲得各界熱烈回響，不時有家長、老師建議繼續開發、延伸此一系列著作。

有鑑於此，聯經出版公司經過資料蒐集與規劃，邀請兒童文學作家執筆，專業的史學、科學教授審校，並由插畫者配上精緻的插圖。於是一篇篇豐富又有趣的台灣風土系列故事，再次呈現在讀者面前。

《台灣風土系列》全套共十冊，包括：《開發的故事》、《民間信仰的故事》、《習俗的故事》、《海洋的故事》、《河流的故事》、《動物的故事》、《植物的故事》、《住民的故事》、《物產的故事》、《山脈的故事》。

本系列以說故事的筆法敘述，以主題事物爲主軸，涵蓋歷史、人文、自然、科學與生活，適合國小中、高年級以上的學生閱讀。相信閱讀過這套叢書之後，人人都能認識台灣風土，並對我們的生活與習慣有更多的了解。

序

管家琪

文字工作有一項很棒的地方，那就是有的時候寫一本書就像做一個專案研究似的，必須研讀很多資料，消化很多資料，然後才能想辦法用適當的方式呈現出來。在這樣的過程當中，最大的獲益者其實是作者自己，因為透過大量的研讀和消化，作者對這個專題的了解勢必大有增進。

這對於一個以從事原創性文字工作為主的作者，其實是很必要的。截至目前為止，我所出版的原創性的童話及少年小說已經有四十幾本，很多人常會問我：「哪來這麼多的故事靈感？」我總認為，對許多事物不斷的保持吸收，應該是一個訣竅吧；我從來不相信所謂的「靈感」是可以憑空掉下來的，要保持充沛的創造力，除了要有一點天分，還要用功，不斷的汲取新知，使自己的腦力不斷受到刺激與開發。而所謂「新知」，並不一定是指新科技與新思維，即使是古老的題材、過去的題材，只要有了比從前更多、更深的了解，都是一種「新知」。

譬如《開發的故事》，對於我來說，就是一項「新知」。

我所生長的年代，從教科書上對台灣的了解是相當有限的，後來念輔大歷史系時，雖然系上有尹章義教授開課的「台灣史」，可是當時我玩心太重，是一個很糟糕的學生，不敢去修，現在想來實在是太可惜了。總之，這次當我接到撰寫這本書的邀約時，我第一個念頭就是：「太好了，我可以乘機好好的自修一下台灣史了。」

過程當然是非常辛苦的，辛苦的程度甚至遠超過我最初的想像。我想，主要的原因自然是我才疏學淺，一下子要消化那麼多的資料，眞是不容易，其次，是心理壓力太大吧！近幾年來，台灣眞是一片本土熱，又常常過分的泛政治化，我只要一想到這本書主要是給年輕朋友看的，就覺得壓力沈重，很難放輕鬆，更難做到「故事化」。只能盡力而爲了。

這本書能夠出版，我眞的非常感謝聯經出版公司編輯部。聯經十分的包容、體諒和尊重作者，在作者沮喪時懂得如何打氣，在作者哀號時懂得如何安慰，在作者面臨崩潰時也懂得如何有效的伸出援手。

能夠碰到一個好出版社和編輯是作者的福氣。雖然編輯的工作總在幕後，但是，如果沒有好的編輯，絕對無法成就一本好書。

目次

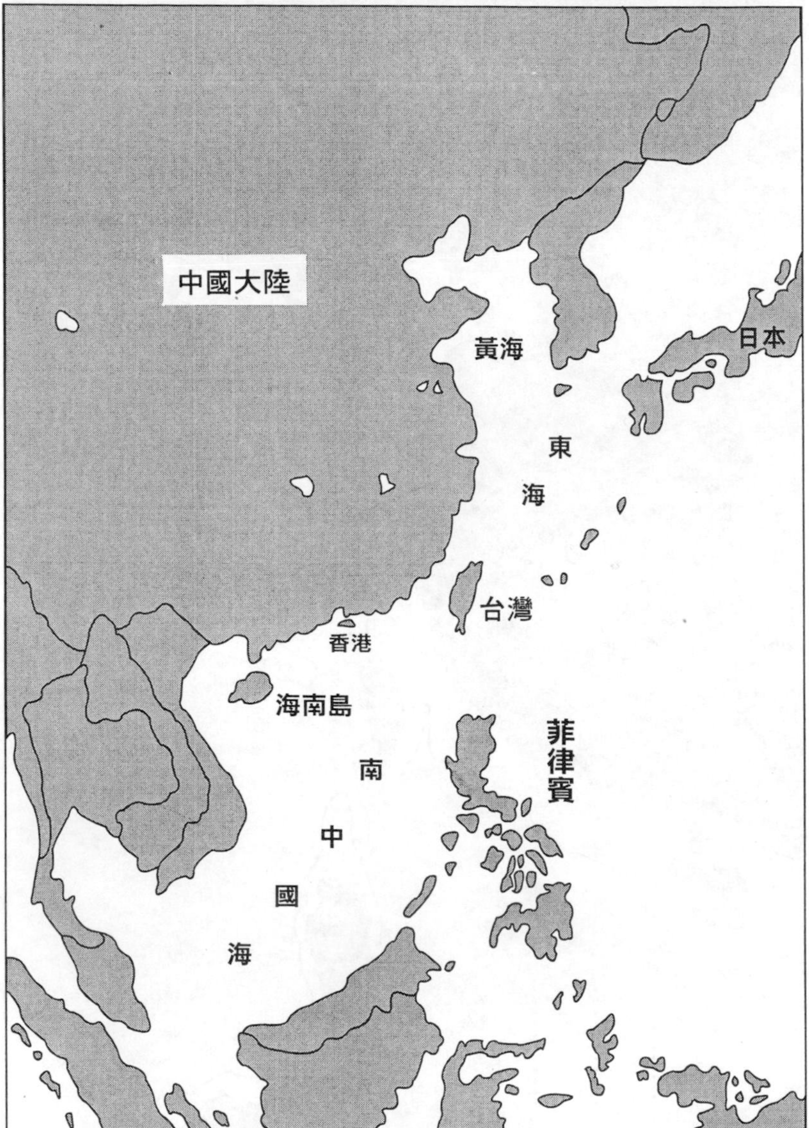

中國大陸
黃海
日本
東
海
台灣
香港
海南島
菲律賓
南
中
國
海

台灣地理位置圖

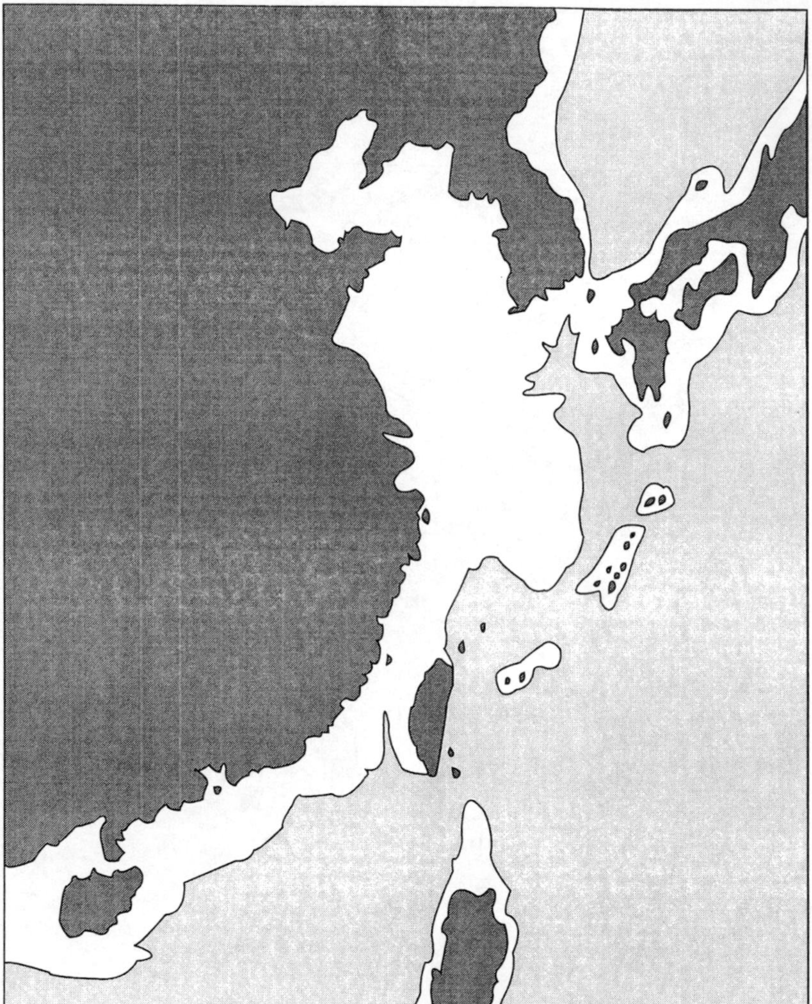

冰河時期台灣與亞洲大陸相連狀態

讓我們來看看台灣大事紀—

年代：西元	年代：中國	重要事件
史前		‧板塊、地殼變動及造山運動，形成島嶼，至今發現最早有人類活動，是在距今三萬至五萬年前。
三三〇	三國時代	‧衛溫、諸葛直，率兵進攻當時稱爲「夷州」的台灣。
六〇五	隋朝	‧隋煬帝派何蠻、朱寬深入台灣內陸，招降不成，三年後決定由陳稜領軍以武力征討。
一二九一	元朝	‧元世祖積極向海外擴展，派楊祥領兵征伐當時稱爲「瑠求」的台灣。
一三四九	元朝	‧澎湖已收入中國版圖。 ‧旅行家汪大淵遊澎湖，將見聞寫成《島夷誌略》。
一三七〇	明朝	‧台灣相繼出現小琉球、雞籠山、大雞籠、北港、東番、臺員、大灣、大冤、台灣等不同名字。
一五四四	嘉靖二十三年	‧葡萄牙人發現台灣，稱之爲「福爾摩沙」。
一五六三	嘉靖四十二年	‧倭寇林首乾占據打鼓山（今高雄）。
一六〇九	萬曆三十七年	‧荷蘭人占領澎湖。
一六二一	天啓元年	‧顏思齊率衆於笨港（今北港）登陸。

年代		重要事件
西元	中國	
一六二四	天啓四年	•明軍將荷蘭人趕出澎湖，荷蘭人轉入台灣，於安平建熱蘭遮城（今安平古堡）。 •鄭成功在日本平戶海濱出生。
一六二五	天啓五年	•顏思齊死後，鄭芝龍成爲新領導者。
一六二六	天啓六年	•西班牙人占領台灣北部。 •鄭芝龍率軍進攻金門、廈門、廣東。
一六四二	崇禎十五年	•荷蘭人北攻雞籠，西班牙人投降。
一六四四	弘光元年	•清朝在北京建都。
一六四五	隆武元年	•鄭成功在烈嶼（小金門）起兵，高舉「反清復明」。
一六四九	永曆三年	•荷蘭人引進牛隻來台，牛成爲耕種與交通重要的牲畜。
一六五二	永曆七年	•台灣漢人第一次爲反抗異族（荷蘭人）而戰，郭懷一事件爆發。
一六六一	永曆十五年	•何斌獻圖，鄭成功由金門、澎湖圍攻鹿耳門，逼走荷蘭人，在台灣建立鄭氏王朝。
一六六二	清康熙一年	•鄭成功病逝，鄭經繼位，陳永華輔政。
一六六六	康熙五年	•陳永華建孔廟，設學校，定科考制度。
一六八一	康熙二十年	•鄭經歿，鄭克壓遇害，克塽接位。
一六八三	康熙二十二年	•施琅攻台，鄭氏王朝結束。

年代		重要事件
西元	中國	
一六八三	康熙二十二年	•福建同安人王世傑開墾竹塹埔（新竹）。
一六八四	康熙二十三年	•台灣正式納入清朝版圖。 •清取消海禁，除惠州、潮州客家人外，其他可以移民台灣，但不許攜眷。
一六九三	康熙三十二年	•陳文、林侃爲首批進入花東之漢人。
一六九四	康熙三十三年	•台北大地震。
一六九六	康熙三十五年	•施琅去世，客家人開始大量移民來台。
一六九七	康熙三十六年	•探險家郁永河到台灣西部探險，最後到北投採硫磺。
一七〇九	康熙四十八年	•泉州人組「陳賴章」墾號，拓墾大佳臘（台北縣市部分地區）。
一七一四	康熙五十三年	•馮秉正受清廷任命，來台繪測台灣西部的地圖。
一七一九	康熙五十八年	•施世榜在二水興建水圳，人稱施厝圳、八堡圳。
一七二一	康熙六十年	•朱一貴以「反清復明」爲口號，發生朱一貴叛亂事件。 •首次閩粵移民發生械鬥。
一七二二	康熙六十一年	•清豎石畫界，防止漢人入侵原住民的土地。

年代		重要事件
西元	中國	
一七三二	雍正十年	•清廷開放准許移民攜眷來台。
一七三三	雍正十一年	•實行「保甲法」，一家犯法，九家連坐。
一七三七	乾隆二年	•嚴禁原住民與漢人通婚。
一七五四	乾隆十九年	•霧峰林家始祖林石來台。
一七五八	乾隆二十三年	•清廷命令平埔族原住民學習漢人習俗，從漢姓。
一七六九	乾隆三十四年	•阿里山通事吳鳳，勸誡鄒族出草被殺。
一七七八	乾隆四十三年	•板橋林家始祖林應寅來台。
一七八四	乾隆四十九年	•設鹿港爲新港口，鹿港成爲台灣重鎮。
一七八六	乾隆五十一年	•台灣天地會反清，林爽文事件爆發。
一七八七	乾隆五十二年	•吳沙進入蛤仔難(宜蘭)開墾，成爲「開蘭第一人」。
一七九六	嘉慶元年	•白蓮教聚衆起事。
一八〇五	嘉慶十年	•海盜蔡牽之亂，由王得祿平定。
一八一〇	嘉慶十五年	•蛤仔難改稱噶瑪蘭。
一八二五	道光五年	•英國人到基隆開採樟腦。
一八二七	道光七年	•英國人到滬尾(淡水)販售鴉片。
一八三四	道光十四年	•姜秀鑾等人與官方合組金廣福，開發竹塹埔(新竹)。

年代		重要事件
西元	中國	
一八四〇	道光二十年	•中英鴉片戰爭。
一八四一	道光二十一年	•英國船隻進犯基隆。
一八五四	咸豐四年	•美國人到台灣調查煤礦，主張占領台灣。
一八六〇	咸豐十年	•清廷敗給英法聯軍後，訂立北京條約，開放淡水、安平爲商港。
一八六一	咸豐十一年	•郇和出任英國首任駐台領事。 •清廷將樟腦改爲專賣，實施官辦管制。
一八六二	同治元年	•戴潮春之亂，林文察平定有功。
一八六五	同治四年	•英國傳教士馬雅各到台南傳教。
一八六六	同治五年	•英國人多德在淡水種茶，開啓台灣茶業的歷史。
一八七一	同治十年	•六十九名琉球人誤入南台灣牡丹社，被原住民所殺，稱爲「牡丹社事件」，此事件後來成爲日人侵台藉口。
一八七二	同治十一年	•加拿大馬偕牧師到淡水傳教。
一八七四	同治十三年	•日本決定出兵台灣。 •清廷派沈葆楨來台辦海防。
一八七五	光緒一年	•沈葆楨在恆春建城。 •清廷取消移民在台墾禁，台灣全面開放。

年代		重要事件
西元	中國	
一八八四	光緒十年	●中法戰爭爆發，法海軍封鎖台灣各海口，劉銘傳擊退法軍。
一八八五	光緒十一年	●台灣建省，劉銘傳爲首任巡撫。
一八八七	光緒十三年	●設鐵路總局，開辦台灣鐵路。
一八八八	光緒十四年	●開辦台灣郵政，設郵局。台北設置發電廠。
一八九一	光緒十七年	●台北到基隆的鐵路完工。 ●英國傳教士甘爲霖研究盲人點字法。在台南設盲人學校，教育盲人。
一八九三	光緒十九年	●台北到新竹的鐵路完工。 ●英國自然科學家拉圖許到台灣作自然探尋，爲生物研究展開新頁。
一八九四	光緒二十年	●中日甲午戰爭爆發。
一八九五	光緒二十一年	●中、日簽定馬關條約，割讓台灣、澎湖。 ●台灣民主國成立，推任唐景崧爲總統，劉永福爲大將軍，只維持一百四十八天。 ●日本由澳底登陸台灣，樺山資紀擔任首任台灣總督。 ●台北設立保良局，辜顯榮擔任局長。 ●抗日分子在各地起義。

年代		重要事件
西元	中國	
一八九六	光緒二十二年	●開始戶口調查。設警察制度。台北設日語學校，教授日文。 ●日頒「六三法」及「台澎居民退去章程」。
一八九七	光緒二十三年	●總督府公布「台灣鴉片令」，實施鴉片專賣制。
一八九八	光緒二十四年	●台北病院附設講習所，開始培育具有醫學知識的台灣本地醫師。 ●兒玉源太郎接任第二任台灣總督。 ●實施土地調查。
一八九九	光緒二十五年	●食鹽與樟腦實施專賣制。 ●台灣銀行成立。
一九〇〇	光緒二十六年	●台北、台南開始有了公共電話。 ●台灣第一家新式製糖工廠成立。 ●孫中山到台北，策動惠州起義。
一九〇二	光緒二十八年	●使用新度量衡制。
一九〇三	光緒二十九年	●首座水力發電所在深坑落成。
一九〇八	光緒三十四年	●打狗港（高雄）開工建港。 ●縱貫鐵路（基隆到高雄）全線通車。
一九〇九	宣統元年	●台北有了自來水。 ●廢除陰曆。

年代 西元	年代 中國	重要事件
一九一〇	宣統二年	‧實施「官營移民政策」，鼓勵日人到台灣東部。
一九一一	宣統三年	‧梁啓超來台。 ‧東部鐵路全線通車。
一九一二	民國元年	‧林圯埔農民運動事件。
一九一三	民國二年	‧台北開始通行公共汽車。 ‧苗栗發生由羅福星領頭的抗日運動事件。
一九一四	民國三年	‧台灣同化會成立。 ‧第一次世界大戰爆發。
一九一五	民國四年	‧噍吧年事件爆發，也稱余清芳事件。 ‧台灣人第一所自力籌建的學校——台中中學創校。
一九一七	民國六年	‧天主教會創靜修女學校，爲第一所收台籍女學生的學校。
一九一八	民國七年	‧連橫完成作《台灣通史》的使命。
一九一九	民國八年	‧台灣總督府完工（今總統府）。
一九二〇	民國九年	‧「新民會」在東京創立。

年代		重要事件
西元	中國	
一九二一	民國十年	•林獻堂等人開始向議會提出請願，要求台灣人有特別立法權及預算權。 •台灣文化協會成立。 •蔣渭水發表「台灣診斷書」。
一九二二	民國十一年	•實施酒類專賣。
一九二三	民國十二年	•有「台灣人喉舌」之稱的《台灣民報》在東京創刊。 •發生「治警事件」，搜捕台灣議會請願者。
一九二五	民國十四年	•二林蔗農抗議事件爆發。 •高雄鐵工罷工。
一九二六	民國十五年	•正式爲台灣生產之米命名爲「蓬萊米」。
一九二七	民國十六年	•台灣人第一個政治團體，「台灣民衆黨」成立。
一九二八	民國十七年	•設立「台北帝國大學」，現爲台灣大學。
一九三〇	民國十九年	•霧社事件爆發。
一九三二	民國二十一年	•台灣第一家百貨公司「菊元百貨」在台北開幕。
一九三四	民國二十三年	•日月潭水力發電廠完工。
一九三五	民國二十四年	•首屆台灣地方議員選舉。

年代		重要事件
西元	中國	
一九三六	民國二十五年	•台北松山機場完工。 •台北新公園（今二二八紀念公園）落成。
一九三七	民國二十六年	•中日戰爭爆發。徵召台灣人軍伕。 •推行「皇民化」運動。
一九四一	民國三十年	•成立「皇民奉公會」，積極推動皇民化運動。
一九四三	民國三十二年	•實施六年制義務教育。
一九四五	民國三十四年	•日本戰敗無條件投降，十月二十五日台灣光復。

史前時代

台灣最早有人類活動是在距今三萬至五萬年前，那個時候，還沒有所謂的「台灣海峽」。目前發現台灣最早的史前文化是「長濱文化」與「網形文化」，這個時期的文化，一般認為可能與大陸系統的舊石器時代文化有關，到了新石器時代早期的「大坌坑文化」則分布全省。

舊石器時代靠狩獵和採集爲生

台灣，究竟是如何誕生的？

根據地質學家的研究，一塊塊的板塊構成了地球地表上的地殼，而全球陸地主要又是由七大板塊所組成。台灣的位置剛好就是在歐亞大陸板塊和海洋板塊交接的地帶，由於板塊移動所造成的擠壓，使台灣逐漸隆起形成島嶼；最近一次的隆起，是在兩千萬年以前。

在冰河期（距今兩百萬年至一萬年前），因爲地球廣大面積都結冰的關係，海平面比我們今天所見要低很多。在當時，今日我們所見的各個大陸和附近相鄰的島嶼，往往都是連接在一起的；譬如說，今天的台灣和日本，以前都是與東亞大陸連成一塊的。

直到距今大約一萬八千年至一萬年前，地球最後一個冰河期——也就是「第四冰河期」結束的時候，氣溫逐漸上升，冰層溶解，造成海平面隨之逐漸上升，一連

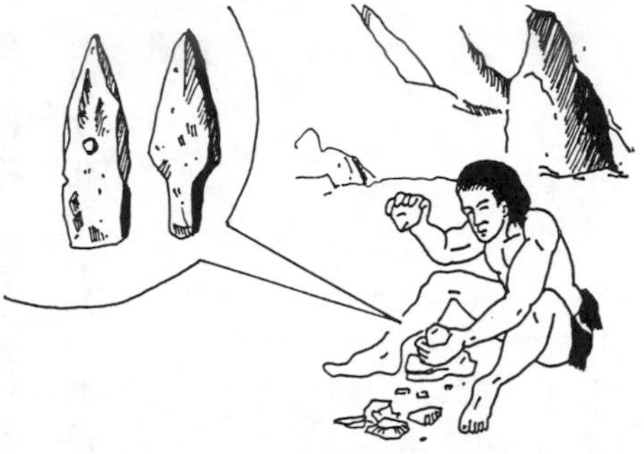

新石器時代人類利用石器製作使用的工具

•「新石器時代」文化分爲三期，分別爲早期、中期和晚期。

串的造山運動也不斷產生，大地的自然景觀才發生劇烈的變化。

在亞洲大陸形成時，台灣與中國大陸原本是連在一起的，台灣東海岸是歐亞大陸的邊緣。從地體構造來看，台灣與中國同屬歐亞板塊東緣的單位，狹長的台東海岸山脈則是另一個構造單位。

在古生代晚期，造山運動開始的時候，中國大陸形成了東西橫亙的天山、崑崙山和南嶺，南嶺東端又再繼續延伸，從汕頭至台南，橫臥在台灣海峽海底中央，叫做「台灣灘」。「台灣灘」在今天台灣海峽中央，是台灣海峽地勢最高的地方，也是一萬年前當台灣還與中國大陸相連時，台灣南、北兩大河系的分水嶺。

考古學家已經證實，台灣最早有人類活動是在距今三萬至五萬年前，那時正值「第四冰河期」，「台灣海峽」並未出現，台灣與亞洲大陸還是連接在一起的，許多生物（當然包括人類）都可以直接從亞洲大陸相互往來。

目前發現台灣最早的史前文化是「長濱文化」，出現時間在台灣還與亞洲大陸相連的時候，一般認爲是與大陸系統的舊石器時代文化有關。

舊石器時代的時候，人類以打製的石器爲主要工具，過著以狩獵和採集爲生的生活。

「長濱文化」是台灣目前所發現的最早的舊石器文化遺址，位於台東縣長濱鄉。

台灣海峽大約形成於一萬年前。考古學家發現，台灣新石器文化與早期的「長濱文化」之間並沒有繼承的關係；新石器時代文化應該是在台灣形成島嶼之後，由中國華南或東南亞地區相繼移入，也就是說，形成新石

•西元一九六八年，台灣大學地質系教授林朝棨，在台東縣長濱鄉八仙洞進行海蝕洞穴的調查。後來，著名的考古學家李濟以長濱鄉之地名，將此八仙洞內發現的舊石器文化命名爲「長濱文化」。

器文化的主人應該是乘船而來，他們很可能是南島語族的祖先，也可能是一些原住民的祖先。

到了新石器時代，人類的生活方式有了很大的改變；最明顯的變化是——人類開始發揮創造力，不再完完全全的受制於自然界。這個時期的石器是磨製的，較舊石器時代打製的石器要精良很多，當然比較鋒利。此外，在新石器時代中期，發現了栽培稻米的考古證據，顯示這個時期的經濟生活已以農作爲主，手製的陶器也很豐富。

新石器時代早期的「大坌坑文化」則分布全省，包括台南縣歸仁鄉八甲林、高雄縣林園鳳鼻頭、台東縣卑南遺址下層、澎湖縣果葉等，但以台北縣八里鄉大坌坑的發現最爲著名。

「大坌坑文化」之後的文化發展，有些是以「大坌

•「十三行文化」下限時間，差不多就是漢人入台之際。

•日治時代即不斷調查「圓山遺址」，但正式開挖則在光復後。

坑文化」爲基礎，譬如「牛罵頭文化」（以台中縣清水鎮靈泉里牛罵頭發現的遺址爲代表，是目前台中地區發現最早的新石器文化遺址）、「牛稠子文化」（以台南縣仁德鄉成功村車路墘發現的遺址爲代表）；有些則是後來移入的文化，譬如「圓山文化」。

整體來說，台灣史前文化的遺址迄今已發現一千五百多個點，重要的遺址至少也有一百多個，其中，「圓山遺址」和「十三行遺址」是相當重要的兩個遺址；「圓山遺址」代表「台灣史前石器時代」的存在，發現於西元一八九七年，以「圓山貝塚」廣爲人知。之所以稱爲「貝塚」，是由於這個遺址是由大量的蜆與少數的蠔、螺等貝殼所堆積而成。你可以想像著：一群老祖宗吃了蜆、蠔、螺等一大堆貝類之後，就把牠們的殼統統堆在一起，再經過時間的累積，久而久之，就變成了後

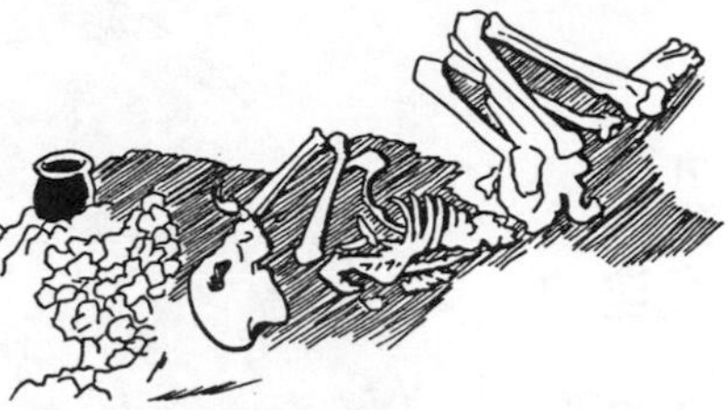

來的「貝塚」。
「十三行遺址」不僅代表台灣北部鐵器文化的開端，也是台灣鐵器文化最重大的發現，遺址中並且還發現了「五銖錢」及「開元通寶」等錢幣，證明了與中國之間實有往來。

今天台灣各個原住民族群的文化形成，大致都是在金屬器時代出現；一般認爲，「十三行文化」晚期的主人，很可能是居住在台北盆地的凱達格蘭族。

史前時代的先祖們，爲台灣開啓了歷史。

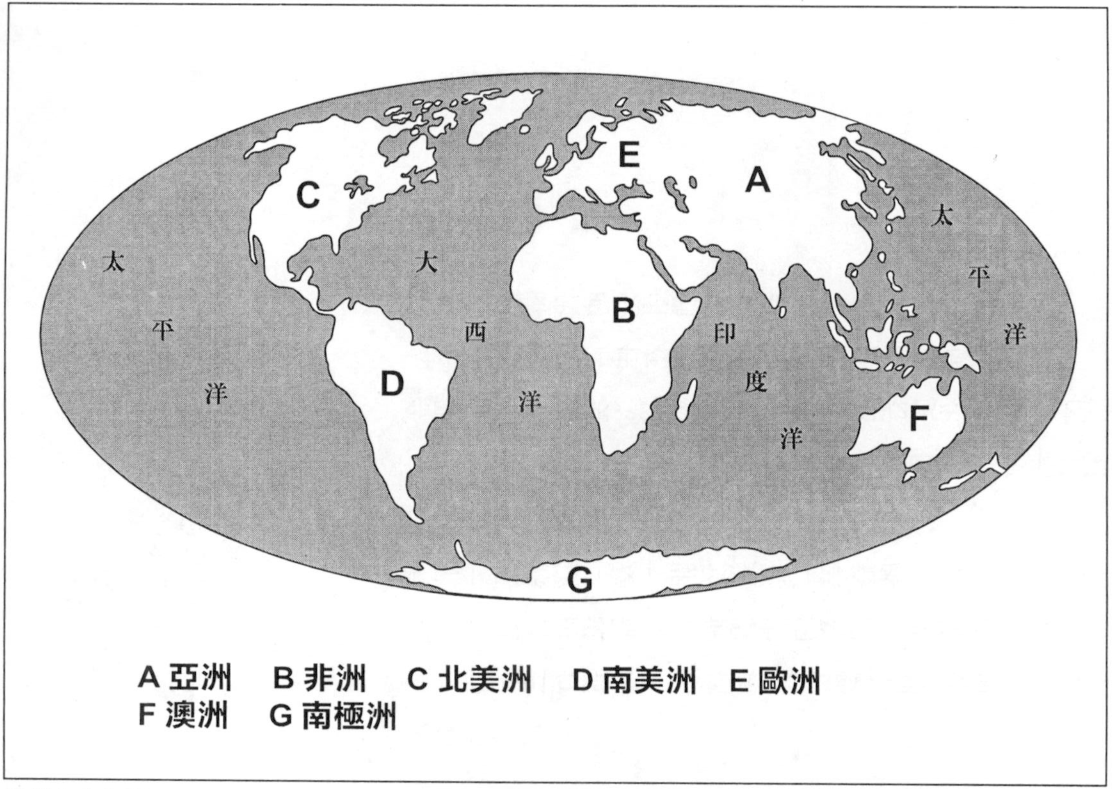
C
E
A
太平洋
大西洋
B
印度洋
D
F
太平洋
G
A 亞洲　B 非洲　C 北美洲　D 南美洲　E 歐洲
F 澳洲　G 南極洲

世界七大板塊

原住民的開發

早期，台灣只有少數原住民居住，他們為了生存，依賴自然山林的資源度日，尊崇大自然為主宰者。現今流傳著原住民許多豐富的神話傳說，從這些故事中，不難窺見他們當年的生活。

至少在十二世紀的時候，台灣就有「人」的踪跡，這個時期所居住在島上的人，可能便是台灣原住民的祖先。

所謂台灣的「原住民」，指的是比漢人、荷蘭人、西班牙人、日本人早在台灣生活的人。這些原住民的族群包括曾活躍在東、西岸近海平原，而如今幾乎完全漢化的平埔族，以及至今大體上仍能運用本身語言，並且還能延續本身文化的泰雅、賽夏、卑南、排灣、魯凱、阿美、布農、鄒、達悟（雅美）等族。

早期，在漢人、荷蘭人等還未到達台灣之前，原住民即是這個島上的「主人」，他們可以自由選擇環境較佳的地區居住，以聚落的形態組成一個社。各族或各社之間，彼此互不侵犯，儘量維持在自己的範圍內活動。

高山原住民以栽培芋薯類為主食，男人會捕獵山產

•泰雅族散居於台灣中、北部山區，是位居台灣最北的一族，向來被稱為「北番」；賽夏族局處於新竹縣與苗栗縣交界一帶山區，是本島分布範圍最狹窄，人口較少的一族；布農族分布於遼闊的中部山區；鄒族雖然也分布於中部山區，但只占據西南一角；魯凱族分布於大武山以北，中央山脈的南部，多在海拔一千五百公尺以下的淺山區；排灣族分布於中央山脈南段；卑南族主

（接下頁）

（接上頁）

要活動範圍集中在台東平原一帶；阿美族分布於中央山脈東側沿太平洋的狹長地帶；雅美族（達悟）則以蘭嶼爲唯一的分布地，人數是九族中最少的一族。

- 平埔族主要由女人從事農作。
- 各族聚居的地域單位，舊稱「番社」。
- 原住民的部落單位爲「社」，集數社爲一族。

供族人分享，如果遇上食物不足，栽種成果不良，族人會在各族的領域內遷社，在頭目或首領的帶領下，全社一起遷到另一塊土地肥沃的地方，重新開始建新社，並播種新作物。

至於平地原住民，也就是我們後來所稱的「平埔族」，家庭結構以母系爲主，夫婦生活十分和諧，各司其職；婦女負責在田園裡耕作，男人出去狩獵或擔負起守衛、戰鬥的事情。

後來漢人來了，雙方經過試探，慢慢開始了接觸。原住民靠既有的獵捕專長，將捕獲的鹿和其他山產，用來和漢人交換食鹽、漂亮的布匹、生活用品等，以及原本在部落沒見過，或沒用過的新鮮物品。

此外，原住民各族之間有其地域的分野，各族的語言差異也很大，彼此的風俗習慣、祭祀等都大不相同。

• 狩獵的主要獵物是鹿和山豬。

• 獵鹿是集體的活動，獵鹿的方法有焚獵，或以陷阱、弓箭、鏢槍作爲武器。

但是因爲原住民生活在原始生態的環境下，和大自然有共存共生的相關性，所以各族都衍生了相當豐富的神話傳說。從這些傳說裡，我們可以看到當時原住民生活的方式與環境。

各族有關洪水的神話，基本上都頗爲類似，均是大水來後，人與動物紛紛避居高山的山頂（布農族和鄒族都是避居玉山山頂），等大水退後才分別下山，重新找尋適合居住的家園。而讓洪水退去的辦法，各族不一；布農族、鄒族認爲是鰻或蛇橫臥溪流才導致水患，因此讓一隻厲害的螃蟹去夾殺那可惡的肇事者；泰雅族是把族長的女兒投入水裡，大水才逐漸退去；排灣族是說，當怪物張嘴的時候，大水就會退去。

在水患期間，各族的傳說中都有「尋求火種」的情節（「火種」其實也是一種「希望」的象徵），只是派

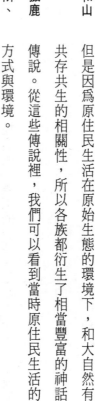

‧泰雅族黥面的習俗。

遣外出尋找火種的使者不同；魯凱族的使者是羌，排灣族的使者是小鹿，鄒族的使者是麻雀，布農族則先後派了兩個使者，先是烏鴉，後是紅嘴眉。

洪水神話反映出先民可能曾經飽受水患之苦。而射日（射月）的神話，則反映出原住民先民曾飽受大旱之災。

泰雅族傳說古時候天地間有兩個太陽，所以天氣異常炎熱，有三位勇士自告奮勇結伴前往射日，三人各自背負一個嬰兒，沿途他們並將吃的桔子種下；由於路途非常遙遠且艱辛，轉眼之間，三個勇士都已衰老，三個小嬰兒也都已長大成人。三個老人相繼死去後，三個年輕人一致決定要完成老人的遺志，於是，他們繼續朝射日的目的地前進。最後，他們終於在山谷中發現了太陽，便合力加以射殺；在與太陽纏鬥的過程中，其中一

•山地原住民又稱「高山族」，主要作物是粟、陸稻、黍、稷、甘薯。

個年輕人當場壯烈犧牲，另外兩個也受了重傷。

這兩個大難不死的年輕人結伴返回家鄉的途中，看到先前三位已逝老人所種的桔子樹，都已經長得很高，樹上也結滿了纍纍的果實，他們就靠這些果實果腹，平安回到家鄉。傳說，後來夜裡看到的月亮，就是被射死的太陽的屍體。從這個傳說中，我們看到了原住民的智慧，並明白先人面對蠻荒環境的辛勞。

此外，各族傳統的經濟生活都是以狩獵和旱作爲主，比較例外的是離島的雅美族。雅美族人居住在台東東部海岸上的小島——蘭嶼，因爲地域的關係，雅美族人以種植水芋和捕魚爲主，薯也是重要的作物。

在漢人還未大量來台前，原住民在這塊土地上知足的生活著，他們取之大自然，用之大自然，也許因爲人口數稀少，也許因爲尊崇自然神靈，因此對土地的破壞

與開發都十分有限，致使豐腴的土地以及資源，得以安然的保存下來。

到了漢人大量移民來台、外國勢力介入台灣後，原住民在台灣開發的角色上，扮演起了山林的開發先鋒者。他們被迫往山林裡遷移，讓出的土地則成了漢人開墾之地，而台灣山林也因此有了人類的足跡，難逃被人類利用與破壞……。

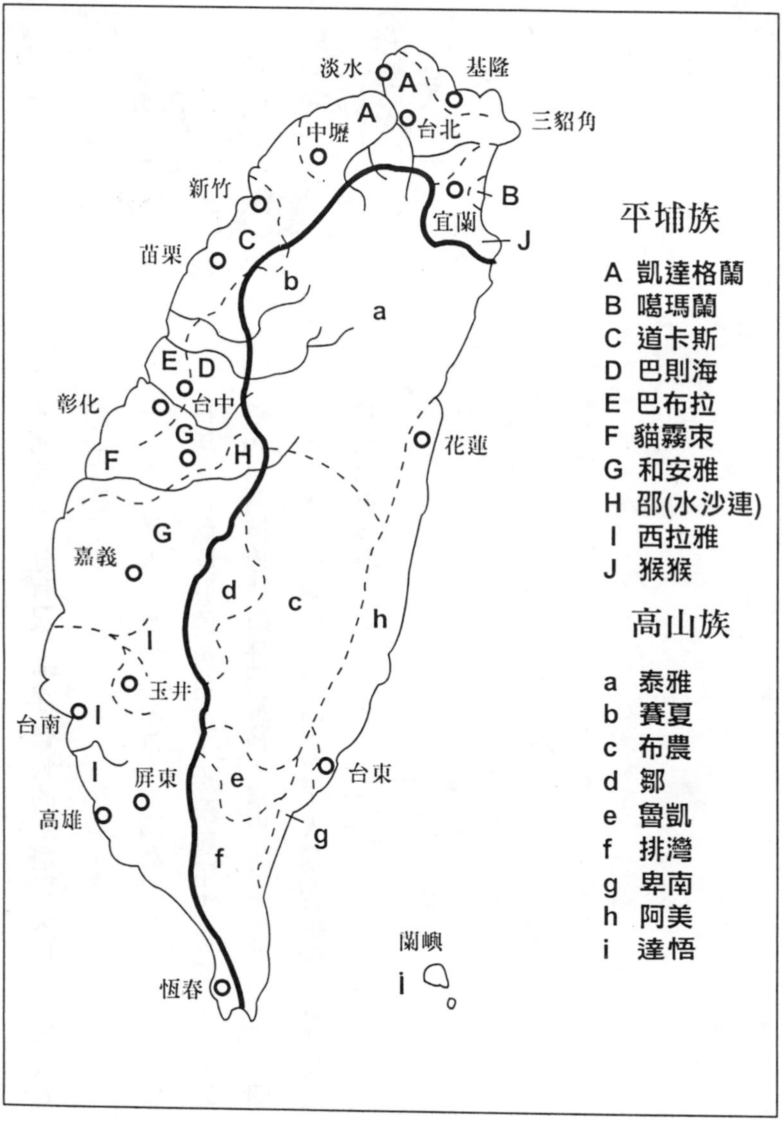
淡水
基隆
台北
三貂角
中壢
新竹
宜蘭
苗栗
彰化
台中
花蓮
嘉義
玉井
台南
屏東
台東
高雄
蘭嶼
恆春
平埔族
A 凱達格蘭
B 噶瑪蘭
C 道卡斯
D 巴則海
E 巴布拉
F 貓霧束
G 和安雅
H 邵(水沙連)
I 西拉雅
J 猴猴
高山族
a 泰雅
b 賽夏
c 布農
d 鄒
e 魯凱
f 排灣
g 卑南
h 阿美
i 達悟

原住民分布圖

澎湖的開發

根據文獻記載，宋代時已有漢人在澎湖居住；元朝時，中國已正式將澎湖納入版圖。澎湖的開發比台灣本島的開拓，還要早了四百多年。而荷蘭人於西元一六〇四年第一次踏上台灣的土地，就是在澎湖登陸。

・澎湖實際上是由六十四個島嶼組合而成，目前有人居住的島嶼有二十個。澎湖群島海岸錯綜複雜，因而形成爲數衆多的港灣。

・澎湖群島原爲一大規模的玄武岩方山，經過長期侵蝕，地床漸漸低落，接著基盤沈降，裂爲許多離散的島嶼，逐漸形成了群島地形。

元順帝的時候，有一個人名叫汪大淵，他從泉州搭船到澎湖。由於順風，只不過兩晝夜就抵達。從船上望著澎湖，他心想：「這麼多小島都叫做『澎湖』呀？島上好像沒什麼大樹嘛！」

後來他才弄清楚，所謂澎湖，是由很多小島所組合而成；澎湖群島中，每一個小島都有一個名字。

上岸之後，有人問他：「您從哪裡來呀？」

「泉州。」汪大淵回答。

「噢，泉州啊，原來是老鄉啊！」那人聽了好高興，「咱們這裡有好多都是從泉州來的呢！」

那人十分熱心的爲汪大淵安排住宿，讓他很快就得以安頓下來，初期，汪大淵成天悠哉悠哉的在島上隨意的瀏覽。

汪大淵發現，這裡果眞有不少的泉州人，泉州人在這兒搭建了茅屋比鄰而居。男男女女都身穿長布衫，再繫以土布，看起來和泉州當地老百姓並沒有多大的差別。

逗留澎湖的期間，汪大淵常喜歡找人家聊天；他很想了解在這裡的生活情形。

他常會這麼問第一次遇上的人：「您來多久啦？住得慣嗎？」

而不管來多久，人家多半都會這麼回答他：「住得慣啊，這裡的氣候不錯呀，經常都是暖暖的，又很少下雨，住在這裡的人都很長壽呢！」

經過汪大淵的觀察，他發現這裡的人日子確實過得很不錯。由於澎湖地形特殊，是一個條件非常優厚的漁場，天然資源可說得天獨厚，漁產量不但特別豐富，種類也很繁多。除了漁穫，島上居民幾乎家家戶戶都養山

• 一般推測，自宋代以來就已有漢人住在澎湖，並到台灣本島活動，但台灣與東亞大陸的關係，仍局限於福建局部地區的民間往來，所以還沒有引起世人的關注。

• 西方人稱澎湖為「Pescadores」，意思是「漁人之島」。來自北方的親潮與南方的黑潮在此相會，澎湖群島周圍海域，珊瑚寄生又很茂盛，多為標準的裙礁，是一個極為理想的天然漁場。

•元代時不僅在西南方滅大理，開啓了漢人向雲南、貴州的拓展，疆域也橫跨歐亞，極爲遼闊，中西交通非常暢通，元世祖尤其致力於海外經營，於是元代的海上交通相當頻繁，貿易活動也較宋代活絡得多。

羊和種植胡麻、綠豆，還經常有機會和大陸沿岸小販做生意，商業買賣的經濟活動很頻繁，生活算是富裕，難怪每個人看起來都笑咪咪的。

因爲元朝已將澎湖納入版圖，所以也設置官治，治安還算良好。

後來，汪大淵寫了一本書叫做《島夷誌略》，裡頭所記載的都是他遠遊南洋及印度洋諸國的種種見聞，其中就有特別針對澎湖的描述。

在汪大淵造訪澎湖的時候，澎湖「地隸泉州晉江縣」，汪大淵在書中還有「至元年間立巡檢司」這樣的文字。

事實上，澎湖在南宋孝宗乾道七年（西元一一七一年），就已正式畫入中國版圖，隸屬於福建省泉州府晉江縣，泉州軍民開始渡海屯戍。元代，因爲移民日益增多，於是才在至元十八年（西元一二八一年），在澎湖設置巡檢司，並號爲泉州府，隸屬福建省同安縣。這是澎湖行政建治的開始，迄今已經有七百多年，也是我國在台灣省內最早設立官治的地方。

到了明代，因爲倭寇、海盜爲患，爲維持治安、鞏固新政權，朝廷對於海防問題非常重視，不但對外政策轉爲消極，甚至還明令禁止國人「下海通番」。

洪武二十年（西元一三八七年）更進而廢澎湖巡檢司，下令將澎湖百姓遷回福建省的漳州和泉州，此舉等於是放棄了澎湖。

成祖時代，雖然海外政策較太祖時代積極得多，甚且還有派遣三寶太監鄭和下西洋的壯舉，但這畢竟仍屬於官方活動，民間老百姓要下海仍然是被禁止的。

然而，沿海老百姓爲了生存，往往還是偷偷地冒險

•明初太祖時代的限制國際貿易和海禁政策，除了希望藉此維持沿海治安之外，還有另外一層意義，就是希望抑止元代的「重商政策」，恢復爲傳統的「重農政策」，但後來事實證明這是行不通的。

• 明朝永樂、宣德年間，鄭和七次下西洋之後，對外政策就轉趨積極，明初以來的海禁政策出現緩和情況，但是並未緩和多久，到了宣德八年，明朝又下令海禁了。

• 漳州海盜陳老所組成的海盜集團，在嘉靖三十三年（西元一五五四年）間以澎湖爲根據地，是目前所知最早以澎湖爲據點的海盜集團。

下海。由於福建地小人稠，百姓謀生不易，致使漢人移至澎湖發展。澎湖一直是漁民嚮往的漁場。想想看，從元代以來，就有很多漁民在台灣海峽活動，這怎麼可能是政府一張禁令就能完全杜絕得了呢！澎湖又早就成爲福建沿海居民的移居地和漁場，甚至成爲一些走私商人或海盜的聚集地。澎湖的漁業活絡之後，還拓展至台灣沿岸。

西元一六〇四年，荷蘭船隊從巴達維亞出發，航向澎湖群島，成爲西歐勢力第一次踏上澎湖的土地。後來又被明軍趕走，直到一六二二年七月，荷蘭人再度侵占澎湖。荷蘭人在澎湖的馬公設立貿易據點，希望藉此控制台灣海峽的霸權，使馬公成爲東、西的貿易轉運站。後來在一六二四年，明朝提出允許漢人前往大員貿易爲交換條件，希望荷人移往大員。

明永曆十五年（西元一六六一年），鄭成功收復台灣、澎湖群島、金門島和廈門島。到了鄭成功之子鄭經，在澎湖設置了安撫司；清雍正時設澎湖廳。到了日治時代，先隸屬於高雄州，後來獨立爲廳，光復後才正式設縣，縣治設於馬公。

簡而言之，依史籍記載，澎湖的開發與閩南泉州府、同安縣有密切的關聯，今天的澎湖居民泰半都是這些地方的後裔，因此澎湖在建築與街市形態上，也承襲了閩南風格。澎湖可以說是閩南人向海外移民發展的第一站。

- 澎湖的建築，在材料方面，除了梁棟之類是採用外來的木材之外，其餘一般都是採用當地出產的硓砧石、石灰、砂土、玄武岩及紅瓦等。
- 明太祖洪武二十年（西元一三八七年），廢澎湖巡檢司，將澎湖百姓遷回福建的漳州和泉州。
- 民國七十年，馬公鎮升格爲縣轄市。

•最早「發現」台灣的外國人，是葡萄牙人。在十六世紀的時候，一群葡萄牙人航海經過台灣，望見島上渺無人煙，一片綠意，綠意之中又透露出一股神秘的氣息，更增添無限動人的感覺，不由得紛紛脫口：「Ilha Formosa!」意思就是「美麗的島」。這就是台灣被歐洲人稱爲「Formosa」的典故；「Formosa」音譯起來就是「福爾摩沙」。

顏思齊的開發

西元一六二一年，顏思齊率二十幾個漢人來到台灣，發現這裡是一個可漁、可獵、可耕的好地方，於是從家鄉又陸續招募了許多貧困百姓到此共同開墾，這是漢人開發台灣之始。

西元一六二一年，就在夏天快要走到盡頭的時候，一個月光特別明亮的夜晚，在今天雲林縣和嘉義縣交界處的外海上，陸續駛來十三艘小船。

小船一一靠了岸，二十六個漢人步履踉蹌的踏上了土地。大夥兒的神情都疲憊不堪，但疲憊之中也不免露出欣慰之情；他們在幾天前，才及時逃離日本官兵的追捕，又在海上航行了八天八夜，好不容易終於又再度踏上土地了。

這二十六個漢人都是壯年男子，也有幾個相當年輕。爲首的叫做顏思齊，體格魁梧，精通武藝。儘管自己也非常疲累，但是一上了岸，顏思齊還是非常關心的詢問弟兄：「大家都還好吧？」

「沒問題，死不了啦！」人群中有人故作輕鬆的回答。

•顏思齊，福建漳州海澄人，僑居日本期間，擅理財、廣結各方朋友，自稱「日本甲螺」（頭目）。後因在日本起事失敗，轉至台灣（當時稱「大員」）發展。

也有人啐一口口水，惡狠狠的說：「哼！待我們休息一陣，再殺回日本去，搞他個天翻地覆！」

原來，這一夥人逃離日本的罪狀可不輕哪！他們居然在平戶圖謀起事，不料事機不密，消息走露，竟然被德川幕府知道了，所以才派兵圍捕他們，幸好他們逃得快，才僥倖撿回一命。

「這裡就是你說的大員？」顏思齊問身旁一個名叫陳衷紀的人。

八天前倉惶逃出日本的時候，一時之間，爲了何去何從，顏思齊一度頗感茫然。他確曾想過要回老家福建海澄；但是，這個念頭在一瞬間就自動消散了，因爲，當年他也是在家鄉闖了禍才流亡到日本平戶，當時平戶是日本唯一對外的港口，而他所闖的禍也不是小事，是在一次衝突中殺了官家的僕人，官家自然極爲憤怒，亟

•在平戶密謀起事的應該是顏思齊和楊天生。楊天生是福建晉江人。他們倆又遊說了陳衷紀、李德、洪陞和鄭芝龍等結爲兄弟。

•顏思齊在笨港（北港）登陸，駐紮在笨港到諸羅山一帶（今雲林縣北港鎮、嘉義新港一帶）。

思儘早逮捕他歸案，假如在這個時候回去，豈不是自投羅網嗎？就在這個時候，陳衷紀提議不如先到大員。

「聽說那裡有一個很大的漁港，叫做『笨港』，有不少日本海盜都曾經去那裡避過風頭。」陳衷紀說。

就憑著這一席話，顏思齊才決定領著弟兄先到大員來安頓一陣子再說。

大夥兒陸續上了岸之後，都坐在地上直喘氣。不用說，每個人的心情都是有點兒沈重的。

顏思齊抬頭望著天上皎潔的月亮，不禁回想起在日本的那段日子。早年當縫工時雖然比較辛苦，可是他一向有些生意頭腦，做了一點小生意成功之後，慢慢累積了一些財富，而他仗義疏財，爲人豪氣的個性，也得到衆多同胞的信賴。在當地的中國人當中，他似乎很早就扮演著「大哥」的角色，甚至在聲勢上幾乎要超過了日

本的地方官吏，如果——如果他們沒有密謀起事，或許……。

想到這裡，顏思齊不自覺重重地搖了搖頭。他告訴自己，不要再想了，已經發生過的事情，多想也是無益。何況，男子漢大丈夫，凡事要敢做敢當，或許，這一次僥倖能夠大難不死，會是一個新的起點也不一定，誰知道呢……。

正這麼想著，一個相貌英俊，名叫鄭芝龍的年輕男子湊進來，關心地詢問：「大哥，怎麼啦？」

鄭芝龍一向機伶，極擅察言觀色，一看到顏思齊表情嚴肅的沈思著，又是嘆息又是搖頭，馬上就猜想顏思齊必定是想到了什麼傷感的事。

但是，顏思齊不想在弟兄面前流露自己的情緒，於是只淡淡說了聲：「大夥兒都累了，早點兒休息吧，明天又是新的一天了。」

他們聚攏在一起，升了火，圍著火光，很快的就沈沈睡去。

第二天大夥兒還正熟睡時，顏思齊在迷迷糊糊之間，彷彿聽到一陣嘰嘰喳喳的人聲。他起先以爲自己是在作夢，因爲一點兒也聽不懂那些人聲究竟是在說些什麼，而且那些聲音和自己似乎還有些距離，但是逐漸的，聲音愈來愈近、愈來愈眞切了……。當他感覺有人摸他的頭時，顏思齊終於醒了，並且一張開眼睛就嚇得叫了起來。

所有弟兄也都跟著驚醒了，個個神情緊張的立刻抓起身邊的棍棒。他們的反應，把原本圍著他們的好幾個原住民也嚇了一大跳，連連尖叫著後退。

雙方隔著好幾步的距離，緊張的對望著。不過才隔

了一會兒，那些原住民就主動揮手示意，而且忙不迭的揮動手中的鹿皮，其中有一個還不斷的指著顏思齊的帽子。

「他們好像是在叫我們不要怕。」鄭芝龍說。

其實，儘管聽不懂對方在說些什麼，光從對方的眼神、表情、聲調和手勢，大夥兒也都已經看出來，對方似乎沒什麼惡意。

顏思齊摸摸自己的帽子，摸到一塊裝飾用的玉。

「我看，他們不僅是要我們不要怕，還想跟我們做生意呢！」顏思齊摘下帽子，做出要遞給那些原住民的動作。

手持鹿皮的原住民馬上高興的走上前，要將鹿皮遞給顏思齊，並且還準備要接過顏思齊的帽子了。

這時，顏思齊卻示意要他停住，然後慎重的伸出右

・當時台灣的野生鹿滿山遍野，到處都看得到。

手一根手指頭，指指那人手中的鹿皮，搖了搖頭，接著，又伸出兩根手指頭。

顏思齊此舉是在向對方表明：「你想換我的帽子？沒問題，可是，一張鹿皮太少了，得兩張鹿皮才行。」

對方頗能意會，馬上就現出一種猶豫的神色；然而，他大概是太喜歡顏思齊那頂帽子，或者應該說是太喜歡帽子上的那塊美玉，考慮了一會兒，還是咬咬牙，從身上再解下一張鹿皮，交給顏思齊。

「成交！」顏思齊笑道，立刻把帽子送到了對方的手上。

這些原住民屬於笨港附近的大武壠社，平日經常用鹿皮、鹿肉，和漢人交換首飾、布匹和食鹽等。

顏思齊等一夥人，就這樣在笨港海邊搭起了茅草屋，安頓下來。

不久，他們發現這島上的原住民族群，起碼有十幾種，都不相同。

他們也發現，這座小島是一個可漁、可獵、可耕的好地方，但是，最容易發財的方式還是做「無本生意」。

於是，在顏思齊的率領下，這一夥人從家鄉招募了許多貧困百姓來做他們的部下，從最初的二十六人逐漸擴充至三千多人，然後顏思齊又將三千多人分成十個單位——稱之爲「十寨」，各自發展，並逐步開拓了諸羅山（也就是今天嘉義市附近）。

這是大陸移民開發台灣之始。

至於「無本生意」——說得具體一點，也就是打劫來往台灣海峽的船隻。當時正是明末天啓年間，自從鄭和下西洋，開通了南洋航線之後，居住在閩、粵沿海的

・顏思齊等人採取的策略很簡單，一方面鎮撫當地原住民，一方面也招徠福建漳、泉的無業老百姓來台灣從事開墾。

人民，就開始大量向南洋移民，而他們在當地做生意賺了錢之後，又帶了當地的東西以「朝貢」爲名，偷偷運回中國來販賣，獲得頗高的利潤；打劫這些商船，自然就成爲「一本萬利」的生意。

其中，年輕的鄭芝龍不僅眼光獨到，下手也準確，專門率領部下打劫從暹羅來的商船；「暹羅」也就是今天的泰國，船上經常有價值不菲的犀牛角、蜜、香料和蠟等，也因此，鄭芝龍很快就成爲同夥中最富有的一個。

總之，雖然以往已有不少漁民和商人的足跡觸及台灣，澎湖更早於元代就已經開發，設有衙門，歸屬爲福建省泉州府同安縣，但過去的漁民只是把台灣海峽視爲漁業新興地，商人也只把台灣當做與當地原住民「以物易物」獲取高利潤的地方，直到顏思齊和他的結拜弟兄們，才總算有人願意在台灣墾殖。後來有人即稱顏思齊是台灣的「開山之祖」。

後來，顏思齊在諸羅山打獵時，不幸染上瘧疾而死，相傳弟兄們把他葬於三界埔山，也就是現今嘉義縣水上鄉的尖山之頂。

MOUSE.49.6

荷蘭人的開發

西元一六二二年，荷蘭人登陸澎湖，兩年後又橫渡海峽來到台灣。荷蘭人以公司的型態（荷蘭東印度公司）統轄台灣，前後長達三十八年。

荷蘭人的打扮

- 當時明朝在澎湖根本沒有駐兵設防，就連「派兵巡邏」也僅在春、秋兩季例行公事般的虛應故事。
- 明天啓二年（西元一六二二年）六月，荷蘭和英國聯手先攻擊澳門，但是沒有成功；緊接著荷蘭人就在七月占領澎湖。

顏思齊率衆在笨港登陸的第二年，也就是西元一六二二年，荷蘭軍官雷爾生率領著七艘戰艦，在澎湖「媽宮港」（馬公港）登陸了，並且一登陸就立即建築防禦工事。

當時，明朝是採取閉關自守的政策，對於台灣海峽經貿活動日趨活絡，乃至列強環伺等變化，毫無所覺。因此，雖然說荷蘭人是「強行登陸」，但事實上當荷蘭人登陸的時候，根本連一顆子彈也沒用上。

不久，雷爾生代表荷蘭官方上書福建巡撫商周祚，要求割讓澎湖給荷蘭，並且准許荷蘭人在中國沿岸自由貿易。

接到這樣的要求，商周祚的的反應是——一頭霧水。

「怪了，」商周祚暗暗嘀咕道：「『紅毛番』要

●荷蘭自東亞大陸購得生絲、絹綢、瓷器和藥材，經台灣轉售日本、波斯、歐洲各地。由日本或歐洲運銀到南洋換香料、琥珀、鉛和錫。

那地方幹麼？」

不過，儘管明朝本身對澎湖並不重視，但那終究是屬於中國的領土，怎麼可以說割讓就割讓呢？所以，商周祚幾乎是連想也沒想，就斷然拒絕了。

但是，荷蘭人並不死心。最後商周祚不耐煩了：「那些『紅毛番』眞是不知天高地厚，居然還想跟我們大清國做生意，也不想想看，他們哪有什麼東西可以賣給我們呀！」

若光看「紅毛番沒有什麼東西可以賣給中國」這一句話，說的確是事實，當時歐洲的工藝水準的確遠遠不如中國，然而，明朝官兵卻不明白另外一件事，那就是——當時的西方軍備水準早已大大地超越了中國。

因此，當商周祚告訴荷蘭人，要他們先退回巴達維亞（雅加達），或先轉往台灣再說時，荷軍根本置之不理。

直到南居益接任福建巡撫之後，他一心想把蠻橫無理的「紅毛番」趕出中國領土。但荷軍的武器比明兵精良太多，組織又精密，因此儘管雙方人數懸殊，明軍「眾」竟不能擊「寡」，南居益心中的懊惱可想而知！

兩軍僵持了兩年。

南居益決定不再正面與荷軍硬拚。他下令「海禁」，封鎖斷絕了荷蘭人一切的水源和糧食。

這一招很快就奏效了。明天啓四年（西元一六二四年），荷軍終於放棄了澎湖。他們拆毀城堡之後，自澎湖撤退，然後按照前任巡撫商周祚的「建議」，橫渡海峽，在「大員」（今天的台南安平）登陸。

「哇！這個地方實在太好了。」

荷蘭人來到台灣，看到肥沃的土地，以及成群的鹿

•大員，也有人稱為「台員」或「台窩灣」，最初只是荷蘭人蓋城堡所在的一個半島（海灣後來已因淤積而變成陸地），久而久之，則成為全島的一個稱呼。

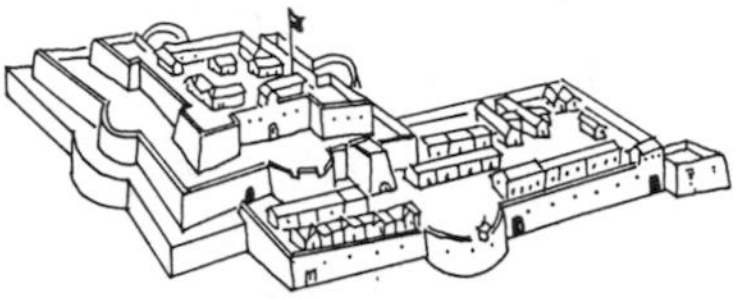

隻，如獲至寶，決定好好利用，繼續拓展他們在東亞的貿易活動。

荷蘭人立即在這裡蓋起了城堡，這座城堡費了八年又四個月的時間才完成，並以「熱蘭遮城」（Zeelandia）稱之，城堡內設有荷蘭人的宿舍、醫院和倉庫。他們以布匹向新港社的平埔族原住民換地，在赤嵌興建一普羅文帝亞爾街。爲了擴展勢力，荷蘭也鼓勵漢人遷入，使得赤嵌慢慢成爲繁榮的地方，荷蘭人稱此爲「普羅文希雅」（Provintia）。

「荷蘭東印度公司」成立於明萬曆三十年（西元一六〇二年），這個公司除了擁有龐大的資本和種種特權，且獨占海上貿易外，還可用國家的名義設置軍隊，對外宣戰或談和，甚至還可任命官吏統治其殖民地。

當時，正值大陸內陸生活不易，爲了生存，許多漢

•在荷據時期，南部的平埔族，尤其是台南縣市一帶的西拉雅族四大社蕭壠（佳里）、新港（新市）、麻豆、目加溜灣（安定），百分之八十的居民接觸過基督教教義，其中百分之四十的人對教義有相當程度的了解。

•荷蘭人在大員所建造的堡壘，原稱之爲「奧倫治城」（Orange），在西元一六二七年正式定名爲「熱蘭遮堡」（Zeelandia），或稱「熱蘭遮城」。今天我們所說的「安平古堡」，指的就是這座城堡的遺址。

•可是現今我們所見的安平古堡是日治時代所整建，眞正的熱蘭遮城殘蹟僅存古堡旁的殘壁而已。

人想移居海外，荷蘭人因爲需要大批勞力從事生產，便提供船隻運送漢人移民來台，並且利用免稅和提供土地、耕種工具的條件，拉攏移民者來台從事土地的開墾。

對墾荒移民者，荷人貸給農具、耕牛、開發資金，同時開鑿埤圳，保護免受原住民的攻擊。荷蘭不但將原品種加以改良，並且進行新品種蔬菜水果的移植。番介藍（高麗菜）、荷蘭豆（碗豆）、番茄（南部稱柑仔蜜）、芒果、番薑（辣椒）的移植獲致成功，成爲今日極普遍的農產品。他們還自印度引進黃牛，對當時幾乎全靠人力的農業生產力顯著的增強，荷蘭還在南北設兩個牛頭司（繁殖場），致力於黃牛的繁殖。農業開發的結果，荷蘭領台初期尚須進口的食米，不久之後不但能自給自足，且有餘米輸出了。

•荷蘭人在原住民部落選出長老，授權刻有荷蘭東印度公司標幟的藤杖，在社內行使司法權。

•我們現在所稱的「赤嵌樓」，其前身則是西元一六五六年，荷蘭人在熱蘭遮堡對岸的新市鎮，所興建的普羅文西城（或稱普羅民遮城），清代於原地興建中國式建築，就是現在的赤嵌樓。

另外，培養砂糖產業也是這個階段重要的農業開發，台灣南部本來就適於栽培製糖用甘蔗，荷蘭看中砂糖輸出的利益，所以大量增設甘蔗農場，從事砂糖的增產，使其成爲重要的輸出產業。此後，製糖一直是台灣頗爲重要的農產品加工業。

這裡原是平埔族的地方，所以平埔族人數衆多。荷蘭人爲了便於掌控所有權，先是利用武力征服，後來以宗教的方式來管理。明天啓七年（西元一六二七年）和崇禎二年（西元一六二九年），傳教士甘地第伍斯（Georgius Candidius）和尤尼伍斯（Robertus Junius）先後來到台灣傳教。

「花點錢及力氣來蓋教堂、設學校是值得的。」

荷蘭人十分精練，他們仔細盤算過，了解什麼投資是值得的。執事的管理者打著如意算盤，心裡可樂的。

•當時，在所有歐洲國家中，葡萄牙是最早東進的國家，且在明嘉靖三十六年（西元一五五七年），就已率先侵占了中國的澳門。

•差不多就在同一時期，已在新大陸獲得廣大殖民地的西班牙，也積極來到太平洋探險，想尋找新的殖民地，終於在明隆慶五年（西元一五七一年），也侵占了馬尼拉。

「呵！我們可以把台灣土產的蔗糖賣給日本和波斯，把稻米賣到中國。」

「還有呢！一隻鹿就有許多生意可做了。」另一位商務員舉著手指頭，得意的數著：「鹿角、鹿脯可以賣到中國，鹿皮可以賣給日本……」

荷蘭人對台灣的開發，完全是爲了自己的利益。明朝官員爲了保住澎湖，致使荷蘭人轉至台灣發展，卻萬萬沒有想到，原來台灣的好處還眞不少，眞是始料不及。

荷蘭占據台灣前後達三十八年，直至西元一六六二年被鄭成功驅逐爲止。在最初的十幾年，其統轄範圍都不出大員一帶，直到一六三九年，才積極向外擴張；擴張的具體斬獲之一，就是在一六四二年，趕走了占據台灣北部（淡水和基隆一帶）的西班牙人。

•歐亞之間的商業活動，原本都要透過阿拉伯人等「中間人」之手，到了十五、十六世紀，西力逐漸東進，歐洲人遂直接來到亞洲進行買賣，開拓市場。葡萄牙與西班牙正是在這波「西力東漸」、「前進亞洲」的浪潮之下，初期占領著優勢的兩個國家；後來，到了十六、十七世紀之交，新興的荷蘭與英國，才陸續跟進，並慢慢蠶食掉葡萄牙和西班牙兩國的遠東市場。

西班牙人在天啓六年（西元一六二六年）占據台灣北部，長達十六年。在這十六年期間，西班牙人因爲是天主教國，將大部分心力用在從事傳教活動，只有少數經貿活動，並在淡水建聖多明我城堡（Santo Domigo），就是現今的紅毛城前身。西班牙占領台灣的另一個目的，是要對抗荷蘭。但在荷人將西班牙人趕走之後，原本已經受到宗教招撫的地區，又恢復了原樣，直至漢人來才改變較大。

•台灣過去一直不受注意，西力東漸之後，才突然成爲歐洲諸國矚目的目標。因爲台灣與福建之間，僅隔著一個台灣海峽，北通琉球和日本，南隔巴士海峽與菲律賓相望，若再繼續往南，就是素有「世界寶庫」之稱的南洋，地勢上確實相當優越。再加上十六世紀中葉以後，遠東的海上貿易活動日益熱絡，許多航線都會經過台灣附近，無怪乎台灣不可免的成爲歐洲列強爭奪的目標。

•明萬曆三十年（西元一六○二年），荷蘭成立「聯合東印度公司」，這個公司除了擁有雄厚的經濟資本之外，還獨占海上貿易，甚至可以用國家名義來設置軍隊，對外宣戰或談和，並且任命官吏來統治他們的殖民地，可以說權力相當的大。「聯合東印度公司」的成立，無異宣告了荷蘭在遠東的貿易市場將有相當積極的作爲。

•在十七世紀初葉，由於當時的葡萄牙和西班牙，在遠東都已經建立了自己的貿易據點（澳門和馬尼拉），如今荷蘭如果也打算拓展東亞大陸的貿易，只有兩個選擇；第一種，用武力去奪取葡萄牙或西班牙已經建立的據點，第二種，就是自己另外再開闢新的據點。

•明泰昌元年（西元一六二○年），荷蘭和英國在遠東地區成立聯合艦隊，藉以威脅葡萄牙的航線，並且封鎖西班牙的馬尼拉；西班牙爲確保自己的利益，於是將目標轉向台灣。

有請國姓爺

西元一六五九年，鄭成功高舉「反清復明」流亡海外，正想在海外建立一個新的據點，擔任荷蘭通事的何斌，適時秘密送來一份台灣地圖，於是鄭成功於一六六一年發兵攻台，決心從荷蘭人的手中奪回台灣，作為反清復明的基地。

西元一六四五年，剛辦完母喪不久，懷著濃烈國仇家恨的鄭成功，從烈嶼起兵，展開了反淸復明的志業。這一年，他才二十三歲。

那時，追隨他的只有九十幾個人，軍費也完全沒有著落，怎麼辦呢？

「沒有關係，我有辦法。」少年老成的鄭成功沈穩的說，然後就率領一些部屬，乘著小船來到廈門港外的小島鼓浪嶼，在這裡耐心的等候。

等了好久，終於等到一艘商船緩緩駛近。它恰好是鄭家的商船，卻正好是鄭成功的目標。

「上！」鄭成功一聲令下，眾人便一擁而上，「打劫」了這艘商船。

當時，這艘商船剛從日本販賣了藥材和生絲等貨物回來，船上一共有十萬兩銀子左右的貨款，這筆貨款就

•烈嶼，也就是今天金門的烈嶼，也有人稱小金門。

•隆武元年（西元一六四五年），鄭成功隨父親鄭芝龍晉見隆武帝，隆武帝見鄭成功相貌不凡，反應靈敏，特賜姓朱，從此人稱「國姓爺」。

•鄭成功把廈門改為「思明州」。

成了鄭成功的第一筆軍資。

剛開始的前幾年，鄭成功的父親鄭芝龍，在閩南與荷蘭東印度公司締結通商互惠條約，使商船得以往來日本、台灣、澳門以及東南亞各國，然而現在這些商船卻成了鄭成功「打劫」的對象；鄭成功強行接收了父親和家族所留下來的資源，包括了海上貿易與商船稅金。

但是，他接收這些可貴的資源，絕不是爲了自己享福，而是悉數充做軍餉和軍備之需，壯大反清復明的實力。

此後十二年的歲月裡，思考細密的鄭成功，一方面與清廷周旋、對抗，一方面還忙著做生意。他派往海外的商船，比起父親鄭芝龍時代還要多，與掌控台灣的荷蘭東印度公司的往來也十分密切；因爲鄭成功深深了解在兩軍對壘的時候，後勤補給是否充足且及時，實在是關係重大。

在台灣的荷蘭人，對鄭成功的感覺有些複雜，一方面樂於與他做生意，一方面又時時擔心「國姓爺將攻打台灣」的耳語，有一天會成爲事實。

到了西元一六五七年，鄭成功因爲徵調商船去運軍糧，到台灣做生意的商船比較少，荷蘭人大爲驚恐，紛紛以爲——「糟了！國姓爺眞的要動手了。」

於是，荷蘭總督趕緊下令：「從現在開始，凡是從廈門來的商船，一律從嚴檢查！」

其實，鄭成功在這個時候還沒有發兵台灣的打算，他的焦點仍擺在與清廷周旋，希望藉此儘量爭取整編的時間，所以，徵調商船、運軍糧，原本只是一個單純的動作，荷蘭人竟因此嚴格檢查他的商船到近乎挑剔的程度，使得鄭成功感到十分光火，氣憤之餘，索性下令商船暫時都別去台灣，一艘都不去！

同時，鄭成功也不許別的國家的商船前往台灣。這麼一來，荷蘭人在台灣的商務立刻陷於停頓。

「天哪！國姓爺的經濟實力實在是太驚人了，現在惹惱了他，該怎麼收拾呢？」荷蘭總督苦惱了很久，最後逼不得已，只好找一個通事，正巧也是鄭芝龍的老部下——何斌，前去向鄭成功求和。

何斌，福建泉屬南安人，少年時期就開始在海上討生活，他是在明天啓年間，隨鄭芝龍來到台灣。崇禎元年，鄭芝龍接受明朝安撫，遷往福建之後，何斌和幾個朋友計畫也跟著前往福建去繼續追隨鄭芝龍，沒想到當船至澎湖時，竟遇上了海盜，全船的人幾乎都被殺死了，只有兩個人死裡逃生，僥倖又逃回台灣，何斌就是其中之一。

•赤嵌，今天的台南市。

何斌回到台灣的時候，荷蘭人已經占據了赤嵌，何斌看到這些相貌奇特的「紅毛番」，武器精良，預感到「紅毛番」強占台灣似乎已是大勢所趨，無法阻止，於是立刻向荷蘭人表示親善，並積極學習荷蘭話，好爲往後的日子鋪路。果然，當他學會了荷蘭話，荷蘭人就派他擔任通事。

何斌晉見了鄭成功，表達了荷蘭總督願意每年納餉銀五千兩，硫磺一千石，竹箭十萬支的意思，懇求鄭成功解除海禁。鄭成功終於平息了怒氣，重新派遣商船前往台灣做生意，荷蘭總督看到出口額如此驚人，總算又眉開眼笑了。

擅長組織管理的鄭成功，把對外貿易的業務分爲五商，有山路五商和海路五商之分，鄭成功經營台灣採重法制、嚴刑制，還成立了「山五商」和「海五商」等秘

•也有一說是，何斌偷偷測量鹿耳門的港道，並繪製沿岸的地圖。

密商團組織。這些秘密商團組織很會做生意，以一艘商船為例，只要跑一趟日本，連本帶利便有十萬兩銀子的利潤。同時，他們也非常擅於利用在商人身分的掩飾之下，兼做蒐集情報的工作。

當時，鄭成功不但完全控制了中國海上的航行權，也擁有東方海面上財力最雄厚的商社，甚至比以國家為後盾的荷蘭東印度公司還要大。然而，他賺錢的目的不是為了自己的享受，而是一心一意為了他心目中神聖的反清復明大業，靠著這些秘密商團組織成員所提供的情報，鄭成功在多次與清廷過招的時候，都展現了相當靈活的攻勢。

不過，後來他會決定攻打台灣，則是由於何斌所提供的一份珍貴情報，那就是——一份偷偷繪製的台灣地圖，甚至還有偷偷測得的鹿耳門港道的數據等資料。

在獻圖的時候，何斌拚命強調台灣地理上的優勢。「那裡的土地非常肥沃，只要栽種，就可以自給自足；雞籠、淡水一帶還有硝磺等有用的資源；何況，台灣僻處一隅，有海峽相隔，既有利於掌控海上貿易，又利於與清廷對峙，只要十年生聚，十年教訓，進可攻，退可守，絕對可與清廷長期抗衡。」

何斌也聲淚俱下的表示：「其實台灣本是鄭家的土地，漢人早就不堪荷蘭人的壓迫，都滿心希望國姓爺您能夠趕緊出兵收復台灣啊！」

何斌所言，主要指的是發生在幾年前的「郭懷一事件」。在那次的事件中，漢人以郭懷一爲首，大家拿著竹棒起義，大規模的抗議荷蘭人的壓迫，不料荷蘭人竟血腥鎭壓，屠殺了六千名左右的漢人，即使勉強倖存下來的人，從此對荷蘭人也更加的仇恨。

聽了何斌涕泗縱橫的陳述，鄭成功頗爲動容，再加上當時正値他北伐失敗（西元一六五九年），也正希望能夠重新建立一個海外據點，用更長的時間、更完美的計畫、更妥善的準備，來完成一生志業；在這個時候，何斌獻圖立刻在他心中激起了強烈的震盪，並且迅速發酵。

此後又經過兩年的準備，鄭成功終於在西元一六六一年發兵攻台，決心要從荷蘭人的手中奪回台灣，作爲反淸復明的基地。

•鄭成功發兵攻台時，荷蘭人以爲鹿耳門水道淤淺已久，料想大船一定不能通行，所以沒有設防，所有熱蘭遮城的砲台也都面向著外海，但是何斌知道只要一漲潮，鹿耳門河道仍可行巨艦。鹿耳門係一沙汕，台江外有較大沙汕，北端叫鹿耳門，南端叫北線尾。後來，鄭成功爲了感謝媽祖適時漲潮，以潮水相助，第二年便在鹿耳門溪邊建了一座媽祖宮，可惜此廟已毀。

平埔族族人使用的器皿

鄭氏王國與台灣

鄭成功將荷蘭人逐出台灣後，成為第一位在台灣建立王國的漢人，整個鄭氏王國經營台灣有二十二年的時間。鄭成功將台灣帶向自給自足的社會。

當鄭成功正在指揮部將圍困台灣的時候，清世祖順治皇帝爲了阻絕沿海居民與鄭成功往來，竟然發出了一道枉顧沿海老百姓生活福祉的命令——即刻嚴格執行遷界！

順治皇帝下令，北起山東，南到廣東，所有沿海居民一律向內地撤遷十八公里。那些原本靠海生活，依附捕魚、貿易爲生的沿岸百姓，一時間失去了支撐生活最基本的來源。

稍後的執行情形以福建執行得最徹底，閩邊一千八百二十里海岸線，一律後退三十里重新築牆，如果有人越牆一步立刻處死，如果有人不肯配合遷界，則索性一把火燒掉他的房子。從此，「片板不許下水」，「粒貨不許越疆」，清廷顯然決心要以斷絕鄭成功一切商業來往，徹底截斷鄭軍的接濟。

「看來，我是非要在台灣落地生根不可了。」鄭成功默默想著。

過去，荷蘭人占據台灣，以荷蘭東印度公司的名義，將所有耕地據為己有，稱為「王田」，不但不允許漢人擁有自己的耕地，更奴役漢人為農奴，強迫他們在王田內栽種經濟價值比較高的甘蔗來外銷牟利；如今，深謀遠慮的鄭成功，以最快的速度更改荷蘭人的土地政策，不但廢「王田」，改為「官田」，由佃農耕作、官府收租，所種植的農產品也從甘蔗改為稻米。

「談耕種，一切莫如先餵飽大家的肚皮重要。」鄭成功說。

台灣過去一直是製糖外銷的殖民地經濟政策，從這個時候開始遂改為以糧食為本位的經濟政策；台灣經濟從此搖身一變為自給自足。

- 鄭軍從鹿耳門登陸台灣。
- 明鄭時代，大船改從鹿耳門進出，安平、赤嵌和鹿耳門都是當時最繁榮的地區。
- 鄭成功入台，使台灣開始變成一個漢人社會。
- 鄭成功攻下台灣，將赤嵌城改爲承天府，熱蘭遮城改爲安平鎮，在澎湖設安撫司。

鄭成功還唯恐糧草不足，在圍困台灣的時期，就採取屯田駐兵政策，這項政策在鄭成功之子鄭經即位之後，由諮議參軍陳永華更加發揚光大。

當鄭軍登陸北線尾時，台灣當時的人口大約只有二十至二十五萬人，其中漢人只有五萬人左右，但是鄭成功趕走荷蘭人之後，立即下令所有部屬趕緊把留在大陸的眷屬接來，再加上清廷實施的「遷界」措施令老百姓十分抗拒，許多沿海居民不願內遷，乾脆渡海來台，重建家園。於是，短短幾年之內，台灣的漢人就激增了六萬人，變爲十餘萬人，和原住民的人口數幾乎已可「分庭抗禮」。

總之，自從鄭成功收復台灣之後，不管是軍隊或移民，入駐台灣的人數都愈來愈多，如何解決軍糧民食，成爲一個非常重要的課題。

•陳永華建議鄭經，用文化和教育來經營台灣。

•荷蘭人稱鄭成功及其子鄭經爲「台灣王」。

•陳永華是福建省泉州府南安縣人，與鄭成功同鄉。鄭氏三代在台灣，鄭成功在收復台灣的第二年就病逝，第三代鄭克塽繼位之後很快就向清廷投降，因此，絕大部分都是由第二代鄭經治理台灣，鄭經的諮議參軍就是陳永華，後世史家對陳永華的評價都很高。

鄭經是鄭成功的兒子，他的諮議參軍陳永華認爲，古代的屯田駐兵制度是一個相當有效的制度。所謂「屯田駐兵」，簡單來說，就是發給士兵荒地和農具，然後要他們去自耕自食。陳永華在今天的台南縣、嘉義縣、高雄縣等地，陸續成立了四十多個屯田區，這種屯田區也叫做「營盤田」。

現今，台南縣仍保留著「上營」、「中營」、「下營」、「新營」、「柳營」、「林鳳營」等地名，高雄市也有「左營」之類的地名，就是因爲在明鄭時期設有「營盤田」的緣故。

此外，鄭氏宗族和文武百官也開始招募大陸移民爲佃農開墾土地，而讓佃農負擔一定的租穀，這種田就叫做「文武官田」，實際上也就是台灣私田的開始。

在「落地生根，自給自足」的原則下，過去作爲台

•永曆二十年，陳永華推動興建的孔廟落成，這是台灣歷史上第一座孔廟。

灣對外貿易主力產品的糖業不再受到鼓勵，到了鄭經執政時，糖產量已下降爲荷據時期的五分之一；原來數以百萬計的鹿皮生意，也因野生鹿被濫獵而使數量直線下降。

另一方面，陳永華鼓勵民間晒鹽及燒製磚瓦等生產事業，在台南鹽埕一帶試行晒鹽，所以現在雲嘉一帶及台南、高雄沿海有許多鹽田。台灣的磚瓦原來必須仰賴大陸的供給，但至少在清代以後，嘉義、彰化、台北縣的鶯歌等地，都已經能出產磚瓦。

鄭成功死後不過兩年，金門、廈門便宣告失守，鄭氏基業整個移轉到台灣來，在台灣建立了郡縣制度，用心推廣儒家教育，此後渡海來台的漢人愈來愈多；明鄭時期的台灣，不但是許多窮苦老百姓前來討生活的地方，也是許多存有反清復明思想的漢族讀書人，一個寄

• 鄭成功來到台灣，面臨三大問題：
一、必須嚴防清軍攻擊。
二、與原住民往來的問題。
三、安頓軍民的問題。

託希望的地方。

從西元一六六一年鄭成功入台，到一六八三年鄭克塽降清，在這二十二年裡，台灣基本上是一個小朝廷的型態。這個小朝廷以遙不可及的「反清復明」爲職志，再加上來自清廷的軍事威脅從未消除，因此在行政措施上，除了要把大家都餵飽之外，自然都是以國防爲主。這麼一來，鄭氏原本賴以起家的貿易活動遂大幅萎縮，以前經常來往於海上的商船，在鄭經即位，金門、廈門接連失守時，已經損失大半，等到了台灣以後，鄭經也沒有積極整修，許多船隻就這樣逐漸腐朽了。

土地的開發

台灣土地的開發從史前時代就已經開始了，直到西元一八五〇年，大部分適合農耕的區域，大都已經被利用。從這篇故事，我們一起來回顧這些階段農業的開發過程，另外也舉了一則民間笑話，讓讀者更深入了解清朝移民來台開發的趣談。

• 旅日台灣史學者劉進慶認爲，台灣四百年來，一共有過三次高度經濟成長期，第一次爲農業全面發展期，就發生在解除渡台禁令以後的二十年間。

• 從距今七千年的「大坌坑文化」，一直到有宋代和明代瓷器出土的蔦松文化，都屬於台灣的史前時代。

台灣土地的開發，從史前時代就開始了。根據考古人類學家的發現，七千年前左右，大坌坑文化人即在台灣活動。距今五千年前，恆春半島的海岸低地，已經有小群體人類在那兒居住和活動，食物主要是獸肉和動物的骨髓；四千或四千五百年前，居住和活動的範圍慢慢擴充，產業活動則以農耕爲主，狩獵和打漁、採集貝類爲輔；三千五百年前，住在海岸低地的人群，偏重利用海域資源，農耕和漁獵都是次要的經濟活動；二千七百年前，在港口溪的河谷區，有以農耕爲主的聚落；一千五百年前，阿美族已經在花東縱谷、台東海岸平原和恆春半島部分地區居住和活動，而排灣族也差不多在同時或稍晚，在知本山山地居住和活動。

明末，曾經有多次征討台灣海盜的行動，不少閩、粵一帶的百姓乘機移居台南地區，有的捕魚，有的經商。西元一六二一年，海盜出身的顏思齊和鄭芝龍率衆來台，以笨港一帶爲據點，進行土地開發。一六二八年，鄭芝龍退出笨港，荷蘭人便乘機征服附近的平埔番，並且把占據北台灣的西班牙人逐走。

荷蘭人在台期間，大量招集大批大陸沿岸移民來台協助開墾，農人闢荒拓土的工作當然艱辛，但是在那個時候，台灣社會結構仍十分單純，行業別並不多，大都還是只能從事勞力的工作。一方面，許多移民在選擇來台前，通常會三思未來的出路，於是當時就流傳著這樣的一段笑話：

有一個算命先生，想到台灣做生意。

「台灣？」他的妻子疑惑的說：「我聽說現在那裡只需要種田的，像你這樣肩不能挑、手不能提，去那裡能做什麼？」

•荷蘭人對付漢人的策略是：一方面控制漢人的生產手段，一方面又限制漢人的政治社會活動，可以說，荷蘭人與漢人的關係，一開始就處於一種既合作、又對立的矛盾之中。

•本文中小孩所言，是取材自一則民間笑話。

「哼，你懂什麼！」算命先生嗤之以鼻道：「誰說那裡只需要種田的？」

「是眞的，我聽林大叔和他兒子小狗子說的。」做妻子的急急分辯著。

「難道是他們回來了？」算命先生轉念一想。

村裡的人都知道，林大叔父子兩人一年多前去了台灣，期間曾捎過口信來，說是過得還不錯。

這時正是明崇禎年間，因爲社會動亂，謀生愈來愈難，許多沿海居民便紛紛前往台灣去求發展，逐漸形成了一股風潮。

算命先生一聽說林大叔回鄉來了，馬上上街找人。

街上茶館裡果然擠滿了人，都圍著林氏父子。算命先生遠遠瞧著他們倆，覺得他們倆的精神、氣色都很好，尤其是小狗子，不過短短一年不見，卻黝黑壯實了

•漢佃租地時是由數十佃合組爲「一結」，通力合作墾耕之事，並共同推舉一個首領，稱爲「小結首」，再由幾十個「小結首」共同推舉一個「大結首」。這種土地制度也被稱爲「結首制」。

許多。

算命先生耐著性子仔細聽了一會兒，總算聽出一點名堂。原來他們在說什麼「王田」的事。

林大叔說：「只要我們漢人以佃人的身分向他們公司租用土地，他們就會提供土地、牛隻、農具和水利設施——」

「對不起，」算命先生打斷道：「你剛才說的是什麼公司？」

「全名應該是叫做『聯合東印度公司』，不過一般都叫做『荷蘭東印度公司』。」林大叔回答。

席間有人說：「好奇怪，這些土地的事情，應該是由國家或政府單位來管嘛，怎麼會是一個公司在管呢？」

「你可別小看這家公司，」林大叔說：「雖然只是

『公司』，他們的權力可大著呢！」

「就是啊，」小狗子也補充道：「他們甚至還有自己的軍隊呢！」

這時，有人說：「請你們繼續再講那個『王田』的事吧，爲什麼要叫做『王田』呢？」

「那是因爲他們自認台灣土地的所有權屬荷蘭東印度公司所有，很可笑吧！」小狗子苦笑道。

林大叔卻說：「你管他可笑不可笑，反正那只是一個稱呼而已嘛！」

「我就是討厭那些紅毛番的心態！」小狗子忿忿不平地說：「他們處處自認爲高我們一等，明明是要利用我們幫他們開墾台灣的土地，嘴巴上還講得那麼好聽！」

林大叔顯然不太同意，「話不能這麼說，人家事實上的確提供了不少開墾的優惠條件呀，我倒認爲這的確是一個好機會——」

「問題是，他們對我們的限制也不少呀！」

小狗子這麼一說，席間馬上就有人十分關心地問道：「有哪些限制啊？」

「多了！」小狗子說：「他們只給我們生產工具，不給我們土地所有權就是一個例子，其他還有一大堆雜七雜八的規定，譬如我們不能隨便離開自己的耕作地，但是他們倒可以隨意叫我們離開，換到其他的耕作地。還有，我們不能自由集會，也不能與原住民來往，那些娶原住民爲妻的人，紅毛番居然還強迫他們一定要改信新教，否則就要拆散他們，實在很過分！」

「眞的，眞的很過分！」茶館裡一時鬧烘烘的，大家都在議論紛紛。

林大叔又說話了，「小狗子，你不要抱怨這麼多，就算那些紅毛番是利用我們去開墾，總是也提供了很多有關開墾上的優惠條件呀！」

「是呀，可是爹爹您別忘了，我們要繳的稅也不少呢！」

「繳稅?要繳什麼稅?」這個話題自然馬上又引起大家的關切。

「名堂可多啦！」小狗子說：「除了賦稅，還有人頭稅、狩獵稅、漁業稅、海關稅、釀酒稅，還有什麼臨時捐，我看差不多就只有土地免稅。」

在場鄉親很快就分成兩派意見，有的認爲那些紅毛番似乎眞的很討厭，台灣不去也罷；也有的認爲只要「土地免稅」就相當優惠了，台灣還是值得去的，何況，小狗子雖然批評很多，抱怨很多，可是也沒聽他說

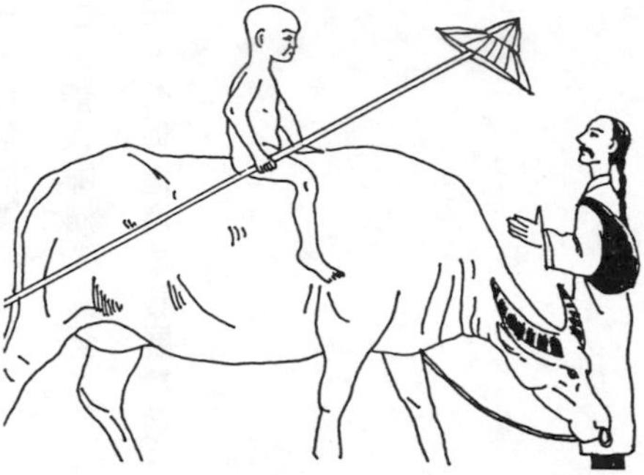

要回來嘛！

算命先生也是屬於認爲台灣還是值得去的那一派意見的人，不過，他認爲種田太辛苦，打算還是要靠自己的三寸不爛之舌去闖一闖。

不久，算命先生果然和好幾個同鄉一起到了台灣。才剛上陸，他們就聽見一個小孩騎在牛背上又唱又念：「鼠、牛、虎、兔、貓、龍、蛇、馬、羊、鴨、猴、雞、狗、豬、鵝、鼠、牛……」

算命先生聽得一頭霧水，上前問道：「噯，你在念什麼啊？」

「生肖啊！」小孩露出天眞無邪的笑容。

算命先生一聽，吃了一驚，「生肖？拜託你再念一遍！」

「好哇！」小孩果眞又念了一次。

•鄭成功的「寓兵於農」政策：

一、可解決軍糧問題。

二、能保障漢人安全。

三、有促進農業發展功效。

算命先生暗叫不妙。「天哪，十二生肖裡根本沒有貓、鴨、鵝啊，難道——台灣這裡是算十五生肖？那我只懂十二生肖，怎麼混飯吃呢？」

算命先生立刻決定，恐怕還是得去找林大叔和小狗子，跟著他們學種田算了。

以上這段趣談雖然有趣，但也不難窺見當時移民者的無奈。到了鄭成功將荷蘭人趕走，在鄭氏家族較有「系統」的規畫下，移民者除了務農、開墾外，也較有其他買賣生意的開展。

明鄭時期，安平之北港道因爲河口淤淺的關係，移民來台者，以及生意買賣的貿易商船往來，漸漸改由鹿耳門出入，於是鹿耳門逐漸發展成繁榮的街市，與安平、赤崁同爲當時最繁榮的地區。

而台灣入清以前，已有農業開發的地區，多集中於嘉南平原一帶，其餘各處僅零星分布而已。

台灣入清之後，無論是人口的繁衍或是土地的開發，都深受渡台禁令的影響。在清代前後達一百九十年的渡台禁令實施期間，一共下達了五次禁令。這些禁令忽鬆忽緊，最嚴厲的時候，甚至停止發照，完全不准人民渡台。直到光緒元年（西元一八七五年），清廷鑑於日軍侵略台灣的衝擊，終於廢止一切渡台禁令，實施「移民實邊」的政策，並且在廈門、汕頭和香港等地，設立招墾局，只要是前往台灣的人，不但可以免費乘船，還會獲贈口糧、耕牛、農具和種子等。「移民實邊」的政策，對於台灣土地的開發以及農業的發展，有積極的作用。

簡單來說，清代在各個時期，雖然土地開發的重點不同（比方說，嘉慶年間是以宜蘭爲重點，道光年間則

- 第一次渡台禁令在西元一六八四年發布，規定凡是渡台者都必須經過批准，獲准渡台者不得攜眷；第二次禁令在一七一八年發布，第三次禁令在一七二九年發布，都只是在重申第一次禁令的內容；第四次禁令在一七三二年發布，放寬了攜眷規定，但以在台居住且有產業者爲限；第五次禁令在一七三五年發布。

以台東、花蓮爲重點），但關於台灣人口移動和土地開發，大體上有「由南而北、由西而東」的趨勢；此外，在一八五〇年左右，台灣大部分適合農耕的地區，都已開發完成。台灣大部分的土地，都是在清代就已經開發完成了。

•土地開發之目標主要在種植水稻。

•中部平埔族岸裡社由漢人出資開圳，然後將一部分土地用來交換水權，稱「割地換水」。

•清代土地可分爲界內、界外兩種。界內地又分有無主地和熟番地；界外爲番地，嚴禁漢人侵入。生番地、無主地的地權屬官方所有。

明鄭時代的教育

鄭經採納了諮議參軍陳永華所提「建聖廟，立學校」的建議，希望能夠積極培育人才，而一些隱居在鄉里的讀書人，在明鄭時期對於文化的傳布與傳承，也有相當的貢獻。

・沈光文被稱爲「台灣最早的碩儒」，也有人稱他爲「台灣教育的鼻祖」，在彰化縣鹿港鎮有一座嘉慶年間所創立的「文開書院」，就是紀念沈光文的。

在一個月黑風高的晚上，沈光文終於平安逃到了羅漢門（在今天高雄縣內門鄉）。他本是一介儒生，生活起居一向十分從容，處處講究一點文氣，這一路逃亡的辛苦和狼狽，眞是夠他受的。

回想這一年多來的生活，沈光文眞是感慨萬千，頗有一種不堪回首的感覺。

說實話，他的大半生也算是順遂的。他是浙江寧波人，少年時期就已飽讀詩書，明福王弘光二年時，已經官升至工部郎，後來，桂王立位於廣東，沈光文就追隨桂王永曆帝來到肇慶。晉官至太僕少卿，永曆三年，他原本打算渡海到金門，誰知在海上半途遇到颶風，竟陰錯陽差的漂到了台灣。

不過，沈光文頗爲達觀，抱持著「既來之，則安之」的想法，立即決定在台灣開館授徒，教漢人移民讀書寫字。

當時許多移民來台的漢人，都是屬於社會下階層的人，知識水平本來就不高，再加上當時又是荷蘭人占據台灣的時期，沈光文的使命感油然而生；他深切感受到，「文化傳承」在台灣這塊土地上的重要。

尤其是，有一天，當他看到一個原住民的小女孩，興味十足的在閱讀「新港語」的《馬太福音》時，心裡眞是十分吃驚。「新港語」是荷蘭人爲了便於傳教，而教導原住民用拉丁字母來書寫他們自己的語言，也就是用羅馬拼音把字給拼寫出來。

私塾剛開張的時候，漢人的反應很冷淡，還有人好心的對沈光文說：「先生，別浪費力氣了，我們成天幹活兒都忙不過來了，哪裡還有時間和精力來學寫字和讀書呢？」

•荷據時期前，台灣的原住民一直沒有自己的文字，「新港語」是台灣南島民族擁有文字的開始。荷蘭人統治台灣不到四十年，他們離去之後，原住民仍繼續使用新港語至少一百五十年。

•原住民文化從這時開始，因漢文化的推展而受到影響。

也有人說：「學會了讀書、寫字有什麼好處？幹活兒的時候，力氣又不會變大！」

對於這些質疑，沈光文都一再苦口婆心的勸道：「學會了讀書、寫字，雖然一時不能增加你的力氣，但猶如替你開了一扇窗，增加你的見識，無形之中也就是強化了你的力量……」

當然，除了這些「大道理」，沈光文也不忘以各種生活上的例子來設法打動漢人。「只要學會了認字，記帳就方便啦，寫家書也方便啦……」

果然，有些漢人開始動心了，也有些漢人則是被他的熱忱所感動，於是態度軟化了，不禁鬆口道：「好吧，那就讓小孩子去念一念好了，反正小孩子還小，也還幫不上什麼忙。」

從此，沈光文的私塾就常常傳來童稚的琅琅讀書聲。

永曆十五年（西元一六六一年），鄭成功收復台灣後，知道沈光文在台灣，非常高興，還特別召見他，並以客禮接待他。不久，一些明朝遺老追隨鄭成功來到台灣，也都陸續和沈光文見了面。大家見面時，相談甚歡，都非常高興，展望未來，也都充滿了希望。因爲大家都知道，鄭成功出身儒生，對人才培育相當重視，進兵台灣之前，早在永曆八年（西元一六五四年）就已經設立了「儲賢館」和「育胄館」來培育人才，如今鄭成功趕走了「紅毛番」，又決心要以台灣這一海島對抗中原，大家都可以預見，鄭成功未來在經營台灣時一定會非常重視文教建設，屆時大家自然都有機會「書生報國」。

沒想到，鄭成功只在台灣住了十四個月又七天，就

- 鄭成功治台期間，稱全台爲「東都」，並設有天興和萬年兩縣。
- 鄭經接掌台灣，將東都改「東寧」。
- 陳永華沿用明朝考試制度，並開設學校，開始漢族在台的文教發展。

•當時的教育程序：太學—院—府學—州學—社學。據史料記載：「天興、萬年二州，三年二試，照科歲例開試儒童。州試有名者送府，府試有名者送院，院試取中，准入太學，按月月課。三年取中試者，補六官內都事，擢用陞轉。」

病死了。鄭成功死的時候，才三十九歲，正值壯年，是一連串的內憂外患使他身心交瘁，病魔才有機會乘虛而入，擊倒了他。

鄭經即位以後，改變了父親鄭成功定下的一些制度和人事，對此沈光文頗有些不以爲然，於是賦詩譏諷，引起鄭經的不快，再加上有人乘機慫恿鄭經，不要讓這些書生大放厥詞，應該好好管束一番，沈光文因此險些招來殺身之禍，這才倉皇逃到了羅漢門。

隱姓埋名了一段時日，有一天，一個姓王的男子突然找上門來，把沈光文嚇了一跳。這個姓王的男子過去對沈光文的私塾是最大支持者，他有三個稚齡的孩子都是沈光文的學生。

「你怎麼知道我在這裡？」沈光文吃驚的問。

「好不容易輾轉才打聽到的。先生，您不用怕，已經沒事了。」

原來，經過部分友人不斷向鄭經解釋求情，鄭經總算才同意不再與沈光文計較，並表示同意讓他回來。

「是嗎？」沈光文這段期間一顆忐忑不安的心，這才逐漸平靜下來。

「先生，回來吧！我們都很需要你。」王姓男子熱情又誠懇的說。

「喔？」沈光文非常的受寵若驚，有些疑惑的問：「是眞的嗎？」

在他的感覺裡，漢人對於上私塾（不管是自己或孩子們上私塾），一向都不是很積極的呀！

經過王姓男子的解釋，沈光文總算明白，要他回去畢竟還是「事出有因」。

由於鄭經採納了諮議參軍陳永華所提「建聖廟、立學校」的建議，於是在當時的承天府卓仔埔（今台南市南門路）興建孔廟，並設「明倫堂」。當時，凡年滿八歲的小孩即可入學，學習經史文章。永曆二十年設立學院，學院內又設國子監（相當於現在的大學）。希望藉著這些設立，能積極培養人才，於是大家立刻極爲敏感的聯想到——「學習讀書寫字」必然是未來順利走上仕途的一條途徑。

但是，沈光文最後畢竟沒有回去，他只是離開了內門鄉，來到南部大平原的目加溜灣番社，在那兒再度開設私塾。

像沈光文這樣隱居在鄉里的讀書人，在明鄭時代對於文化的傳布與傳承，留下了值得記載的一頁。

•當然，清初移墾台灣的大陸人，並非全是清寒人家或社會下階層人士，其中也有飽讀詩書、滿懷理想的讀書人。根據學者尹章義的研究，當年主持新莊（台北）平原拓墾工作的，主要就是大陸遷台的「士族」，所謂「士族」就是「讀書人」。

清初的台灣

清朝在西元一六八四年時，將台灣納入中國的版圖。漢人到台灣必須乘船越過險惡的黑水溝（台灣海峽）。當時的台灣已有幾處熱鬧的城鎮，另外還有一些原住民的聚落，一般人較少接觸。本篇藉探險家郁永河的見聞，來看看當時的台灣社會。

• 金和硫磺是在荷據時期，就已經被發現的礦產。西元一六五八年，當鄭成功還在廈門的時候，荷蘭人餽贈給他們的禮物中，就有「硫磺一千擔」，可見荷蘭人當時已經在台灣開採硫磺。

「鹿耳門，鹿耳門到了！」

聽到這一聲大嚷，所有還在睡夢中的人一下子全都醒了。動作快的人，不一會兒已經衝到了甲板上。天剛亮，一陣冷風迎面襲來，還眞令人冷得渾身一顫。

不過，衆人都感到十分疑惑，「鹿耳門已經到了？這麼快？不可能吧？」

「是眞的，鹿耳門眞的已經到了！」水手們一個個笑咪咪的說：「咱們這趟可眞幸運啊！」

水手所說的「幸運」，除了「順風」，更重要的是沒有碰到海盜。當時的台灣海峽很不安寧，渡海來台的人最怕的就是碰到海盜，搞不好連命都會送掉。

聽到水手再三保證，全船的人終於都相信了，立刻歡聲雷動。

「哇！太棒了！我們眞的太幸運了！」

「鹿耳門到了！台灣到了！」

大家都高興得不得了，連原本暈船、不舒服的人，精神也一下子好了很多。

可惜，他們沒能高興太久。由於他們這艘船是整個船隊中最早抵達鹿耳門的，鹿耳門的官員堅持要等船隊全部抵達之後，才准許他們上岸。

鹿耳門明明就在眼前，現在卻上不了岸，大夥兒心裡的焦躁和氣悶，眞是不難想像。

只有一個書生模樣的人，耐著性子一會兒看書，一會兒專心地在寫東西；他當然也迫不及待的希望趕快上岸，但是既然官員的態度那麼堅持，他又不願藉著發呆或咒罵來打發時間。

他是來自浙江的郁永河。雖然是一個文人，卻不喜歡死念書，很喜歡找機會到處去走走看看，增廣見聞。

- 清代早期，台灣的開發著重在南部。大甲溪以北十分荒涼。
- 郁永河在西元一六九七年，帶了百來人深入北投山區開採硫磺，並著《裨海遊記》、《番境補遺》、《海上紀略》等遊記。
- 當時從廈門到鹿耳門，一般要花十天十夜。郁永河只花了四天四夜。

這一次，他就是參加了一個來台灣採集硫磺的團體，專程想來台灣看看的。

這一年是清康熙三十六年。郁永河先從浙江來到福州，再從廈門的擔擔島搭船出發。

「嗳，你一直在那裡猛寫，到底在寫些什麼東西啊？」有人好奇的問郁永河。

郁永河說：「沒什麼，只不過是記一些旅途的遊記。」

「那有什麼好寫？」

「現在不寫，馬上就會忘了呀！」

那人瞪他一眼，在心裡暗罵了一聲「書呆子！」，不再理他了。

好不容易，船隊終於到齊，可以上岸了，大夥兒顧不得禮讓，爭先恐後的一哄而上。

• 西元一六四二年，荷蘭傳教士已經知道雞籠產金，但是從荷治時期到明鄭時期，不管是荷蘭人或西班牙人在台灣探金，都沒有結果。清朝時，沿基隆河上溯，曾掀起一陣淘金熱，一八九二年，清政府甚至還設立了金砂局。不久，台灣割讓日本，台灣金礦即落入日本人之手。

• 除了硫磺的開發外，台灣還有其他好幾種礦產資源——金、煤、石油等。

郁永河隨著眾人搭上小船，過內海台江再到郡城（也就是現在的台南市市中心）。這時距離鄭氏王國結束，台灣正式納入清朝版圖，僅僅十四個年頭，街頭觸目所及仍然是相當殘破的景象，就連衙門傾圮的牆，也都還沒有重建，郁永河見了，頗有感觸。

「看起來這裡真是百廢待興啊……」郁永河不禁這麼想著。

稍做休息之後，眾人便開始積極研商如何去開採硫磺的地方（在今天的台北市北投區）。

那可真是一段既遙遠又辛苦的旅程。他們先從郡城坐牛車到麻豆（就是現在的台南縣麻豆鎮）。牛車無法通行之後，就開始靠雙腿跋涉，一連跋涉好幾天，越過平原和溪流，到達諸羅山（今天的嘉義附近）。接著，又走了好幾天，到了半線（今天的彰化市），再從半線

•「八里坌」就是現在的台北縣八里鄉。
•西元一八六〇年代，雞籠煤礦已正式開禁，洋船購煤爲燃料免稅，但載運出口需負擔不輕的出口稅。光緒初期，福建辦理船廠，就是以台灣煤作爲燃料來源。
•英、美等國軍方早於西元一八五〇年代初期，就注意到台灣煤礦；台灣煤對於列強在東方的軍用和商用汽船，都具有重要的價值。

向北走海岸線，沿路通過吞霄、後壠等「番社」（就是今天苗栗縣的通霄與後龍），抵達竹塹社（今天的新竹市），竹塹社之後渺無人煙，盡是荒涼的森林。

到了這裡，有好些人支持不住，已萌生退意，也有的認爲既然已辛辛苦苦走到這裡，當然要繼續前進，否則半途而廢實在太可惜了。

決定繼續前進的人（包括郁永河在內）咬緊牙關，終於穿越了森林，到達了南崁（就是今天桃園縣蘆竹鄉的南崁）。一到南崁，他們就忙不迭的向當地人打聽，該如何去八里坌？

「八里坌？去八里坌幹麼？也是去採硫磺啊？」當地人斜睨著他們，指點道：「只能走水路，路上不能走，路上有『生番』哪！」

「『生番』？」衆人大驚。

・西元一八六一年，番割（通事兼交易仲介者）邱苟，於出礦坑發現油苗及天然氣露頭，在貓裡溪內山湧油浮現水面，撈取煎煉後用途甚廣，乃將貓裡溪據為己有。一八六四年時，以每年百餘元贌給吳姓，一八六五年再改贌給寶順洋行，價格高達千元，遂引發爭訟，吳姓與寶順洋行相爭，幾乎釀成巨案，官方多次緝拿邱苟未獲。一八七〇年邱苟被捕，治以死罪，又以外商無權

（接下頁）

「是啊，從這兒以北，都被『生番』盤據了，絕對不能通行的，除非你們不要命了。」

這番指點，眾人不敢不聽，只得乖乖從南崁搭船經由海上抵達淡水河口的八里坌（現在的台北縣八里鄉），從八里坌再換小船到了大蛕蚋（今天的台北市市中心）。

台北盆地在當時全部都是湖泊，所以，抵達大蛕蚋之後，郁永河等人又換小船經士林河溯磺溪來到毛少翁社（就是今天士林、天母一帶），從這裡翻過一座山嶺，終於到達了目的地。

「終於到了！」眾人紛紛感喟道：「真是好不容易啊！」

不過，畢竟時間寶貴，他們不敢休息太久，馬上就開始雇人開採硫磺。

（接上頁）

在台開礦，乃封閉礦區。一八七七年，丁日昌同意購買外國機具和聘任外國工程師來台鑽挖油井。一八七八年八月鑽井成功，冒出石油，一天七千加侖，十月間外國工程師離台，台灣第一座油井遂告停工，油井僅挖三百九十七呎。礦油（石油）可用來作爲藥用和燃燈，這可以說是台灣油業的開端。

這一路走來，大船、小船換來換去，很多地方還得靠徒步，許多事情都令郁永河印象深刻。

比方說，在竹塹社附近的森林，他們看到一個體格壯碩的「番人」剛抓到一條野牛。

郁永河十分好奇，立刻請翻譯詢問那抓牛的「番人」：「這牛抓回去，是要吃牠嗎？還是有其他的用途？」

「番人」說：「不，不吃牠，是要帶回家用柵欄圍起來。」

「喔？」郁永河感到更好奇了，「你是說要養牠？」

「不，不養牠，根本不給牠吃東西，等牠餓得半死的時候，先用鞭子狠狠打牠一頓，再給牠一點食物。」

「爲什麼要這樣呢？」郁永河十分不解。

•由於日本人占據台灣四十九年之久，在台灣挖取礦產資源也達近半世紀的時間，使台灣的礦產日漸減少，煤、金兩業的沒落，就是最明顯的例子。

不過，若從另一個角度來看，也正由於日治時期，日本政府有計畫的控制台灣經濟，當時台灣工、礦業的作用無非是爲日本增加財富和國力，無形中也帶動了台灣各項工業的成長。尤其是在西元一九一七年至一九二〇

（接下頁）

「就是要這樣反反覆覆的餓牠、打牠，才能去掉牠身上的野性，到了那個時候就算馴服了，就可以賣給你們漢人，你們漢人要靠牛來幫忙耕田啊！」

此外，要從八里坌到大蚵蚋時，一定要經過甘答門（也就是今天的關渡）。當時一進入甘答門，就是一座大湖，湖岸有不少「番人」所住的茅屋。郁永河興致勃勃的要翻譯帶他去訪問，結果每一家都很熱情的接待他，但都是由婦女接待，看不到男主人。

郁永河覺得納悶，偷偷問翻譯：「怎麼都看不到男人出來接待呢？」

翻譯搔搔腦袋，「這個嘛——我也不清楚，好像都是這樣的吧！」

這些「番婦」招待遠道而來的客人還眞是熱忱，紛紛拿出一大缸酒，示意要與郁永河一起喝。郁永河覺得

（接上頁）

> 年，成長更加顯著。後來，若非爆發了太平洋戰爭，台灣在一九四四年受到空襲，工業生產幾乎宣告完全停頓，否則台灣很可能會提早進入工業社會。
>
> •平埔族既狩獵也捕魚，並採粗放的農作方式，作物以小米、薯和芋爲主，此外，平埔族主要是由女人從事農作。

極不自在，正想推卻，翻譯卻扯扯他，小聲提醒道：「小心，拒絕人家的好意是很不好、很不禮貌的喔！」郁永河想想也對，索性入境問俗吧，於是就豪氣的大喝起來。

其實，郁永河不知道他在湖畔所碰到的「番人」是平埔族，而平埔族是母系社會，因此，自然是由「番婦」負責出面接待訪客。

開採硫磺的工作非常辛苦。郁永河可能因爲旅途勞頓，又立刻投入工作，一直沒能好好的休息，不久竟病倒了。病好了之後，他決定要返回家鄉。

郁永河在台灣的時間雖然不長，大約只有半年左右，但他回去之後，寫了《稗海紀遊》、《番境補遺》、《海上紀略》等書，充分反映了清初台灣的社會概況，相當具有價值。

牛與農業發展

牛是台灣開發過程中，一種非常重要的動物。台灣原本並沒有牛，當初是荷蘭人為了在台灣發展農耕，才從大陸和印度進口的，有了牛，耕種起來就方便多了。

•一九三〇年以前，台灣的經濟多局限於「農業台灣、工業日本」，所謂工業不過是農產加工業，且集中於製糖業。其後因應日本南進政策，始在「皇民化、工業化、南進基地化」三大目標下，展開「軍需工業化」，經濟政策亦改爲「工業台灣、農業南洋」。

台灣農業的開發，最早可追溯到顏思齊率衆來台時。而荷蘭人將甘蔗栽培技術引進台灣，蔗糖外銷地已可達波斯、日本等國。

明鄭時期，「寓兵於農」不僅解決官兵糧食問題，也讓農業生產奠定了基礎。

今天台灣有很多地方，當年都是鄭成功部隊屯田的地方，譬如台南縣的新營、下營、柳營、林鳳營、左鎮，以及高雄市的左營、衛武營、前鎭等，這些地方都是明鄭時期的營盤田。

清代大量移民開墾荒地，帶動了經濟繁榮。

日治時期，農業發展集中在稻米和甘蔗。

在家鄉的時候，小饅頭從來沒有見過「牛」。家鄉只是一個小漁港，村裡的人都是靠打漁爲生。小饅頭根本想都沒有想過，在這世界上還會有「牛」這種動物。

小饅頭今年才十五歲，他是去年才和爸爸、大哥一起到台灣來的。出發之前，爸爸曾帶著他們兄弟倆，一起到媽祖廟去燒香拜拜。

「要誠心誠意的拜啊，」爸爸說：「媽祖很靈的，連國姓爺當年都曾經受過祂的照顧呢！」

那個時候，台灣海峽常有詭譎多變的暴風，航行頗為危險，因此在上船之前，大家都要去媽祖廟拜拜，等到順利抵達台灣之後，再到台灣建的媽祖廟去還願，表達誠摯的感謝。

小饅頭跟隨爸爸和大哥一起跪在媽祖廟裡，閉著眼睛，認真的祈禱：「請媽祖娘娘保佑我們一路平安，順利到台灣……」

台灣——小饅頭不禁想著，台灣究竟是一個什麼樣

•媽祖是三百年間移民橫渡台灣海峽這「黑水溝」時，主要祈福的對象。

•儘管橫渡台灣海峽有相當高的危險性，台灣移民仍然年年增加，西元一七八二年台灣人口約九十一萬人，一八八一年增加為一百九十萬人（另一說是一百九十四萬人）。

的地方呢？那裡有些什麼好吃的？又有些什麼有意思的東西呢……。

小饅頭畢竟還只是一個大孩子，玩心很重，儘管旅途勞累，一上岸沒多久，他就又能夠精神百倍的東看西看、東問西問了。

這個時候是清康熙年間，明鄭時期的「官田」和「營盤田」土地政策，都已消失不見，完全變成了私人土地，生產的目的仍是作爲商品出售。

台灣入清以後，原來的官田和私田一律改爲官田，稱「官莊」，並由政府招募佃農來耕種，另有番莊，原稱番田，初期不必繳租稅，也是雇佃農來耕種。清初移民入台開墾，必須向官府領照，稱爲「墾照」，申請開墾的人稱爲「墾戶」或「墾首」。

小饅頭的爸爸是輾轉經人介紹，才有機會帶著兩個

•台灣農業的開發，最早可溯及荷據時期（西元一六二四年）以前，當時已有漢人渡台開墾，但只是少數。在台南一帶的原住民村落裡也有漢人，他們用米、鹽、日用品來與原住民交換鹿皮與鹿脯，屬於「以物易物」形態的經濟活動，並不務農。荷據以後，來台的漢人就多半務農了。

兒子來台灣做佃農。當時像小饅頭和父兄這樣的新移民一抵達台灣之後，多半都是做佃農或幫工，但是也有一種有錢人，一來就向政府申請開闢大片的土地，並且招徠貧窮的移民共同開墾，這種有錢人有一個名稱，叫做「墾首」。

小饅頭和父兄剛到，就聽說馬上要插秧了，他們來的正是時候。可是爸爸似乎十分意外，納悶的直問身旁的幾位大叔：「怎麼會是種稻呢？我不是聽說台灣這裡都是種甘蔗嗎？」

一位大叔好心的解釋給他們聽：「喔，你們剛來，有所不知，其實我們這裡也種稻，也種甘蔗，完全看什麼東西價格好、利潤高，就種什麼，不一定的。」

「哇，還有這樣的啊！」這麼靈活的耕種方式，令父子三人都感到非常驚奇。

•西元一七二〇年左右，台灣農業開發的範圍，南至下淡水、郎嶠，北至下茄荖、笨港、斗六門、半線，後來隨著駐防兵的逐漸加強，北台灣和東台灣也逐漸開發了，不過，眞正積極的開發應該是在一八七五年開山撫番以後。

「而且我們這兒耕種根本不用施肥。」大叔又說。

「爲什麼？」小饅頭的爸爸問。

「因爲土壤太肥沃了。如果再加肥料，稻穗會飽滿到倒下呢！」

小饅頭就是在稻田裡看到牛的，起初他還不太敢湊得太近，只敢遠遠的觀察，但很快的就挪近了距離，因爲他覺得牛這種動物，身軀雖然挺龐大的，感覺卻很溫和，一點兒也不會讓人有任何恐懼的威脅感。

「沒關係，你可以再走近一點呀，牠不會咬人的。」照顧牛的陳大叔微笑著對他說。

小饅頭果眞又靠近了些，他發現牛的一雙大眼看起來好溫柔啊！牛正在吃草，看著牠悠哉悠哉，一副細嚼慢嚥的樣子，小饅頭的嘴巴不自覺的也動了起來。

「這牛好好玩喔！」小饅頭說。

「你沒見過嗎？」陳大叔有些奇怪的問：「這牛應該是從大陸來的呀，你不是從大陸來的嗎？」

「是啊，可是我們村子是一個小漁港，大家都打漁，不種田，所以沒這種東西。」

「連牛車也沒有？」

「沒有，我們那裡窮得很哪！」

「沒關係，來這裡就好了。」陳大叔笑著說：「這裡的土，肥得很，不管是種稻或種甘蔗，都很好種。」

「對了，大叔，您剛才是不是說台灣本來沒有牛？」

「是啊！」

「那牛是從哪裡來的呢？又是誰帶牠們來的呢？」

「是當年『紅毛番』爲了在台灣發展農耕，才從大陸和印度進口牛的，有了牠，耕種起來就方便多了，牠

•荷人當時是有計畫的買了一百二十一頭耕牛，分給新移民使用，並貸予資金。

可貞是我們的好幫手呢！」

「我希望我將來也能有一頭牛。」小饅頭天真的說。

陳大叔拍拍他的頭，「孩子，那可不容易啊！」

小饅頭不吭聲了，默默的伸出手去，輕輕摸了一下牛背。

「你想不想坐上去看看？」陳大叔問。

「可以嗎？」小饅頭驚喜的問。

「可以呀，牠很溫馴的。」說著，陳大叔就扶著小饅頭，協助他爬了上去。

小饅頭坐在牛背上，一張闊嘴笑得合不攏。

「我看你這麼喜歡牛，等我走了以後，你也幫林大叔多照顧牠，好不好？」陳大叔忽然說。

「您要去哪裡？」

•清代台灣的製糖業稱「糖廍」。

「我要到南部糖廠去工作，對了，你一定沒看過製糖吧？我看過一次，眞的很有意思，我講給你聽。」

「好哇！」

「說起來那裡也是要靠牛來幫忙呢，廠裡有好幾座石頭製的石車（蔗車），是靠牛力來運轉；我們要先把甘蔗切段，放進石車裡，石車轉呀轉呀，先榨出甘蔗汁，我們再把甘蔗汁熬成黑糖，最後再把黑糖放進大桶裡，鋪上一層又一層的石灰，就可以製成白糖了。」

「哇，這麼複雜啊！」

「是啊，我第一次看的時候簡直看呆了，以後有機會你來看我，我再帶你參觀。你知道嗎？我有一個夢想，我希望自己將來能擁有一座糖廠。」陳大叔說這話的時候，兩眼熠熠發光，看來眞是充滿了希望。

多年後，小饅頭一直沒有自己的牛，不過這也沒關

•蔗汁加入石灰經過多次熬煮，冷卻結晶後即爲青糖。

係，他一直把墾首家的牛當成是自己的牛一樣的愛護。

偶爾，他會想起陳大叔，每當想起陳大叔時，小饅頭的心裡總不免會這麼想：「不知道陳大叔後來擁有了自己的糖廠沒有？希望他有……」

在台灣開發史上，牛確實占了相當重要的地位，不僅耕種、製糖需要牛，牛車也是一個重要的交通工具，因爲台灣不產馬，大陸內地的馬要渡海又很困難，台灣百姓或官方，在交通上都很依賴牛；尤其是牛車具有橫越淺水的功能，提供了很多便利。

水利工程的開發

台灣開發之初，有許多土地因水利問題而未加以利用，幸虧有一些無私的老百姓，憑藉著一己之力開圳，才能把偌大的荒地變為良田；郭氏父子開發瑠公圳就是一個典型的例子。

•台灣河川以中央山脈爲分水嶺，東流注入太平洋，西流注入台灣海峽。台灣有幾十座三千公尺以上的高山，河水由高山流到海邊，落差大，水流急，這種河川特性，使台灣農業發展深受自然限制，如果只靠自然的雨水，勢必很難發展，因此，人爲的水利設施就直接關係著農業開發的成就。

寒意還很濃的初春，一大清早，郭元芬就站在拳山的山頂，面色憂慮的向下眺望。

這時是清乾隆年間。

郭元芬的憂慮，主要是擔心開圳的工程延宕過久。連日來，豪雨不斷，整個工程時斷時續，落後進度甚多，郭元芬儘管心急如焚，但是，老天爺不幫忙，他也實在沒有辦法。昨天夜裡，聽到雨聲一歇，郭元芬馬上就想著：「雨停了，會不會是雨季已經過去了？」

只要不再連日豪雨，開圳工程就可以儘快進行。或許是連日以來期望雨停的心情太殷切了，所以，郭元芬昨天竟然一夜未眠，並且，一大清早，天才矇矇亮，就立刻登高來到拳山山頂；從這兒往下望，可以看到泰半的開圳工程。

郭元芬不自覺的嘆了一口氣。還記得去年重陽登高的時候，他陪同父親郭錫瑠站在拳山的山頂，父親指著山下已經開工好一段時日的開圳工程，豪情萬丈的對他說：「芬兒呀，你看，等工程完工之後，拳山這一帶的荒地就統統變成良田了。」

開圳，的確是父親郭錫瑠的一項壯志。郭錫瑠是福建省漳州府南靖縣人，別名天錫，來到台灣之後，原先是住在半線（也就是現在的彰化市），乾隆初年，才北遷到大加蚋（就是現在的台北市）。郭錫瑠本身即因投資土地開發致富，變賣彰化家產二萬餘元，進而從事水利事業投資。

郭錫瑠很有眼光，他看準拳山一帶的荒地很有開墾的價值，只可惜欠缺水利設施，所以白白的浪費了。他曾經多次上書官府，呼籲官府開圳，協助百姓把荒地變成良田，可惜都沒有什麼具體的結果。

•「拳山」又叫「文山」，就是現在台北市公館通往景美左側的一座小山。

•早期灌溉農田的水源有：天然水潭池沼、水陂、圳水。

可是郭錫瑠一心認定，開圳是一件非常必要，並且可以造福大家的工作。最後，郭錫瑠放棄尋求協助，決定要憑一己之力來完成這件工作。

於是，他雇工從新店碧潭引新店溪的溪水，打算自大坪林穿山通過景美，然後經公館、新生南北路，一直到大直對岸的基隆河邊，工程實在頗爲浩大。郭錫瑠投資水利開發，乃一謀利之舉，可是中途卻發生資金短缺，幸好得到林安、蕭月等人的資助，才得以賡續開圳工作。

遺憾的是，郭錫瑠還沒有看到工程完工，乾隆三十年間，大作水災，郭錫瑠積憂成疾，不幸病死了。郭錫瑠去世以後，他的兒子郭元芬決心要完成父親的遺願，繼續督導開圳，毫不懈怠。

終於，經過二十年的努力，開圳工程順利完工了，縱橫的溝渠長達數十里，相當有規模，今天台北市的大安、中山和古亭三區附近當年數百甲的土地，都因得到這條溪圳的灌溉而受惠頗多，稱為「良田」區。

這條溪圳原名為「金合川圳」，但是廣大的農民為感念郭錫瑠、郭元芬父子兩代開圳的貢獻，特別改名為「瑠公圳」。今天的新生南北路，就是後來都市發展以後，在瑠公圳上加蓋而成的馬路。

此外，約與郭錫瑠父子同時期，在彰化縣，也有施鹿門、施世榜父子設墾號「施長齡」，建造八堡圳的壯舉，而且正好一北一中，相互輝映。

在台灣開發之初，就因為有這麼多無私的平凡人，做了這麼多不平凡的貢獻，台灣才慢慢得以發展。

荷蘭人獎勵漢人興築水利，譬如安平之「參若埤」——佃民王參若所築、鳳山之「王有埤」都頗具規

•西元一七一九年，施世榜自二水鄉鼻仔頭引濁水溪溪水興建的水圳，人稱施厝圳、八堡圳。

●清廷治台兩百一十二年期間，台灣民間自己興建的水利設施一共七百多個，灌溉面積達十萬多甲。台灣入清的時候，人口不過十幾萬，馬關條約割台的時候，卻已增加至兩百六十萬人之多，如果沒有水利開發，農業勢必無法大幅發展，也就無法養活這麼多人。

模。其實在鄭氏王國治台時期，台灣開始有水利設施，許多來自福建省漳州、泉州，在北港一帶開墾的移民，將中國幾千年來築堤、開鑿運河的方法引進了台灣。在「寓兵於農」的政策下，從嘉義至彰化，都有簡易的水利設施。有了水利設施，農田就不再是「看天田」，不但台灣的土地由此開始開發，台灣的農業也由此開始發展。

西元一六八三年，台灣入清，在地方官鼓勵開墾的前提下，水利設施大都由墾戶自行出資，有的是獨資，有的是合資興築，官方並不過問；官方亦見提倡興修水利，只是不如民間熱烈，如鳳山曹公圳即是官方興修者。這個時候，由於不斷有新的移民投入，原來的移民也常有「再移民」的傾向，也就是說，會因應當時的情況，重新再選擇一個新的地方開墾，農田和水利都陸續

• 台灣農業開發的成就包括有稻米、蔗糖、樟腦、茶葉。
• 嘉南大圳引曾文溪和濁水溪上游的水至烏山頭，俗名烏山頭水庫。
• 除了嘉南大圳自西元一九二〇年由官方興築外，一九二八年完工的桃園大圳也很重要，使桃園台地標高三百六十公尺以下的兩萬兩千多甲農田都變成了水田。

開發，整個台灣顯得朝氣蓬勃，充滿活力。

到了日治時期，台灣的水利設施有了更進一步的發展，不但成立公共的水利設施，也加強組織管理和改進技術。攸關公共利益的埤圳均納入管理，並且成立「水利組合」，對水利事業更加嚴密的控制。

日治時期完成的水利設施，以嘉南大圳最爲有名。嘉南大圳是嘉南大平原最主要的灌溉設施，於西元一九二〇年九月動工，一九三〇年三月始完工，灌溉的農田面積達十五萬甲；完工之後，嘉南地區的稻米、甘蔗、雜糧等生產量逐年增加，約爲開工前的二至五倍。

九一八事變以前，在「農業台灣，工業日本」的政策下，台灣的水利設施也漸漸擴及到東部地區，譬如花蓮的吉野圳和台東的知本圳。

清代台灣主要水利設施

開闢年代	地區	埤圳名稱
一六九五	嘉義	道將圳
一七一五	台中	隆恩圳
一七一五	彰化	八堡圳
一七二二	台中	豐原葫蘆墩圳
一七三六	高雄	高樹焦寮圳
一七三六	高雄	里港阿里港圳
一七四〇	台北	瑠公圳
一七四一	新竹	合大興圳
一七四六	台北	後村圳
一七五七	台北	大安圳
一七九六	台南	虎尾鹿場圳
一八一一	宜蘭	羅東萬長春圳
一八二六	台中	埔里社圳
一八三八	高雄	曹公圳
一八四一	台南	新化虎頭山圳

淡北的開發

淡北地區因為瀕臨淡水河，交通便利，明代開始就有移民陸續來往，西元一六二六年至一六四二年之間，還曾被西班牙占領，但真正在淡北這裡開墾農地並且定居的，王錫祺是首開先河的鼻祖。由於王錫祺的成功開發，也帶動了其他北部地區的開發。

台灣西部的開發，多半是從山麓一帶開始，再逐漸朝平地拓展。因爲山麓一帶的水源和林木資源都很充分，又沒有水患和風災，比較適合居住，早期移民都希望能居住在山麓一帶。然而，山麓一帶多半早已被「番人」占滿了。

王世傑開發今天新竹一帶時，仗著擁有軍隊武力作爲後盾，所以索性直截了當的要求「番人」遷居，把現成的耕田和土地讓給他；如果沒有武力後盾的人，又該怎麼辦呢？

明永曆十五年（西元一六六一年），鄭成功收復台灣的那一年，有一個漳州人名叫王錫祺，從八里坌來到淡水河，再溯支流抵達唭哩岸社（在今天台北市的北投區）。

「番人」看到他，都很親切，一個婦人好心的拿了

• 西元一六八三年，福建同安人王世傑開墾竹塹埔（新竹）。

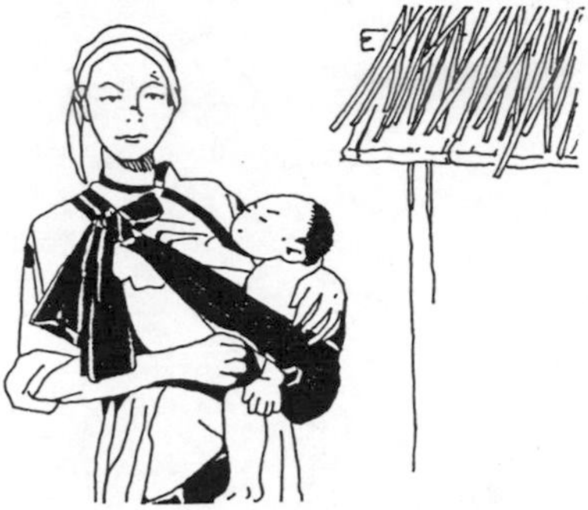

幾根玉蜀黍給他，笑咪咪的說：「餓了吧？要不要吃？」

王錫祺搖搖頭，說了幾句話，但是「番人」當然都聽不懂。王錫祺比手畫腳一番，大家還是不懂。

另外一個婦人又拿出酒來問道：「是不是渴了？要不要喝？」

王錫祺還是搖頭，拚命的比手畫腳。

大家互望一眼，完全不懂這傢伙到底在嘰哩咕嚕些什麼。這時，有一個「番人」對他的同伴說：「奇怪，這傢伙一直指著我們的屋子，到底是什麼意思？」

大家猜了半天都猜不出，好不容易終於找來一個翻譯，譯出了王錫祺的話，把大家都嚇了一跳。

「什麼？你說你想跟我們一起住？」

王錫祺拚命的點頭。

翻譯又說：「他說他會自己蓋房子，只是想跟我們住在一起，他說怕夜裡有野獸，獨居不安全。」

好心的「番人」迅速討論了一番，雖然過去他們也沒有跟漢人雜居的經驗，但想想好像也沒什麼不可以，於是就爽快的同意了。

王錫祺住進唭哩岸社之後，對「番人」都是客客氣氣的，希望儘可能讓「番人」留下好印象，同時，他也在暗中積極了解一些事。

在來台灣之前，他聽過不少關於「鴨蛋田」和「虱母田」的傳說，他很想弄清楚這些傳說究竟是眞是假？

所謂「鴨蛋田」，是說漢人送鴨蛋給「番人」吃，「番人」覺得很好吃，後來漢人不送了，要求「番人」用買的；「番人」也曾試著想自己養鴨，卻嫌麻煩，再加上漢人又「好心」的同意讓他們賒帳，所以他們就高高興興、毫無戒心的用賒帳的方式大吃鴨蛋，一直到欠帳愈來愈多，「番人」卻根本無力償還的時候，就只好用田地來抵債，這就是「鴨蛋田」的由來。

而「虱母田」的說法更荒謬，居然說漢人教「番人」驅虱母咬鬥為樂，結果「番人」十分沈迷，荒疏了農事，只好向漢人借糧為生，時間一久，也無力償還，結果也只好用田地來抵債，這些田地就叫做「虱母田」。

王錫祺在唭哩岸社居住了一段時日，證實「鴨蛋田」和「虱母田」的說法純粹是無稽之談，想用這兩個方法換地是行不通的，於是就決定和「番人」雜居，並積極再拉攏一些漢人進來番社，久而久之，竟反客為主，「番人」反而逐漸往其他地方遷徙了。

台北因為在淡水廳之北，以前統稱為「淡北」（在清光緒初年，台北府城成立以後才叫做「台北」）。淡北之地因爲瀕臨淡水河，交通比較便利，明代開始就有移民陸續來往，但眞正在淡北這裡開墾農地並且定居的，王錫祺可算是首開先河的鼻祖。

而且，王錫祺的模式是當時一般常見的模式——先軟硬兼施，想盡辦法與「番人」協議雜居，然後等漢人人數日漸增多之後，漸漸的，「番人」就會陸續遷徙，或是原居地人滿爲患之後，再開發新的聚落，譬如新店、新莊和新屋都是這樣開發出來的。

待台灣畫歸大清版圖之後，到了雍正年間，相傳王錫祺還開鑿水圳，灌溉八芝蘭（也就是現在台北市士林區），並且不收水租，讓大家都普遍享受到水利方便的好處。就連今天士林、北投一帶的道路，很多都是王錫祺開闢的。

- 移民來台開墾須向官府申請領照，稱爲「墾照」。
- 大佳臘又稱「大蚋蚋堡」，包括現在的台北市區大部分及台北縣一部分地區。
- 西元一七〇九年，福建省泉州人合組「陳賴章」墾號，到台灣北部開墾。

到了康熙四十八年，還有「陳賴章」——有的說是一個人，但學者尹章義斷定是一個墾號，招收佃農開墾大佳臘。「陳賴章」的開發面積很大，北至今天北投區關渡一帶，當然也包括現在大同區的大龍峒，南至今天永和市的秀朗一帶，西到現在的新莊、五股和泰山一帶，範圍相當廣泛。

綜合來說，台北盆地的開發，是從淡水河溯流而上，進而向基隆河、新店溪、大漢溪等支流兩岸慢慢拓展開來。

竹塹的開發

明鄭時代，竹塹還未設治，本是貶放罪人的地方，王世傑得了墾田令之後，回老家邀集了一百多個泉州人一起來開發，成果豐碩，後來追隨他而來的人也就愈來愈多。

•新竹地區的原住民屬於賽夏族。

•竹塹，今天的新竹一帶。

•台灣的開發動線是由南到北，由西向東來發展。

•在西元一六九八年，從今天的新竹到桃園南崁之間，完全看不到人和屋子，只有麋鹿。從南崁到台北，則多是濃密的竹林。

明永曆十五年，鄭成功收復台灣之後，對幾個南北交通要道都很重視，也都分別派了部隊駐守。

永曆三十六年春，北番作亂，北部的竹塹社（就是今天的新竹市和附近近郊）的番人也一起呼應，鄭克塽就派部將陳絳率師征討，可是並不順利，後來幸而靠一位運糧官王世傑獻策，才平定了番亂。

亂事平定之後，鄭克塽把王世傑找來，打算論功行賞。

「你——想要什麼呀？」鄭克塽高高在上的問道。

「我——我不想做運糧官了。」

「那你想做什麼？」

「我想去開墾。」

「開墾？」鄭克塽沈吟一會兒，「那就把竹塹社賜給你好啦，這次的亂事是因你才平定的，賜給你去開墾，也是順理成章。」

原本上回征討亂事無功的陳絳，聽到這個消息之後，忍不住幸災樂禍的竊笑，「嘿嘿，把竹塹社賜給王世傑去開墾，這實在是太妙啦！竹塹社那種鬼地方，送給我我還不要呢！」

也難怪陳絳對竹塹社那麼心懷輕視，因爲當時竹塹還沒有設治，而且終年風大、霧大，鄭氏王朝根本就把這裡當成是貶放罪人的地方。可是王世傑卻恭恭敬敬的接過「墾田令」，視爲一大恩賜。

王世傑是福建省泉州府同安縣人，拿到墾田令之後，立刻趕回老家廣邀同鄉，一起到台灣打拚。

許多人對他的計畫興致勃勃，但也有許多人感到十分疑慮，充滿懷疑的對王世傑說：「照你這麼說，竹塹社那個地方好像什麼都沒有嘛，開墾會成功嗎？」

●台灣土地的開發分成幾個階段：荷據時期集中在台南一帶；鄭氏王國以南部爲重點；清嘉慶年間以宜蘭爲重點；道光年間，以台東及花蓮爲重點；到了西元一八五○年，大部分適合農耕的地區都已開發。

•學者尹章義從當年墾照契據等文件中，發現漢人和平埔族的關係分明，相處也很和睦；一方是佃農，一方是地主，雙方訂定契約之後，漢人需要輸番餉，納番租，才能從事合法的拓墾，而官方也「禁冒墾以保番產」，用官方的力量來維護並確保平埔族各社的土地所有權。

王世傑則充滿信心的回答：「就是因爲現在什麼都沒有，所以才能無中生有啊！」

經過一番鼓吹，最後總算邀集了一百多個泉州人一起來到竹塹社。

當時，竹塹社一帶雖然不受鄭氏王國重視，卻已有不少「番人」——原住民居住在那兒。王世傑領著一批軍隊來到竹塹社之後，就與當地「番人」協議，要他們撤出竹塹社。

雖然說是「協議」，但因爲王世傑有軍隊，有武力作爲後盾，「番人」再怎麼不願意，還是勉爲其難的遷出了竹塹社，渡過頭前溪，搬到對岸竹北鄉的新社去。

王世傑透過翻譯告訴那些心不甘、情不願的「番人」：「謝謝你們把土地讓給我們，我眞的十分感謝。」爲了表示感謝，「番人」遷走之後，王世傑每年都會主動送酒和牛給番人，並與番人通商。這樣的關係建立之後，無形之中，「番人」的力量愈來愈小，愈來愈無法擺脫漢人的「擺布」，而王世傑的墾田工作也就愈來愈順利。

他不但繼續開墾「番人」留下來的耕田，更再開水渠灌溉，因此農作十分豐收，往後追隨他而來的人也就愈來愈多了。

到了康熙五十餘年時，他已經開墾了數千甲濱海之地，結社二十四個，向南開墾的土地也有十三社，成績斐然，儼然已是「一方之雄」的架式，令當初所有不看好他到竹塹社開墾的人都大吃一驚。

此外，王世傑一進入竹塹社，很快就蓋了一座土地廟，上面寫著「開台福地」，讓所有追隨他辛苦開墾的人，能有一個精神上的安慰和寄託。

•新竹地區習慣稱土地公廟爲福地。這是新竹地區才有的風俗。

美濃的開發

位於台灣南部的美濃，是個典型的客家村落，客家人來到台灣之後，面對福佬人與原住民的衝擊，在島上又做了幾次的遷徙，目前分布台灣南北各處。

此篇將舉美濃為例，簡述客家村落的開發形式。

•「瀰濃」，就是現今高雄縣美濃鎮，東至茶頂山脈，西北至旗尾山、月光山山系，西至楠梓仙溪，南至荖濃溪，並有橫山山系，將此一地區畫分爲瀰濃、龍渡兩大區域，還有瀰濃、竹仔門、姜仔寮三溪匯合而成的瀰濃溪水系流經其間。

眼看位於靈山山下的開庄伯公壇——也就是土地公廟即將完工，林豐山和林桂山兄弟倆都感到無限的欣慰。

「以後，我們就把這一帶定名爲『瀰濃』吧！」林豐山愉快的口氣充滿了豪情萬丈。

「好！」林桂山也興奮的說：「這裡都是我們新開拓出來的！」

這是乾隆元年，林豐山和林桂山兄弟原來是武洛庄客家領袖，不久前，才假道土庫、毛巾寮和中埔等河洛人的村落，入墾靈山、月光山和雙峰山山麓；跟隨他們一起開疆闢土的還有宋、劉、曾、邱、古、羅、陳、鐘、張、李、林、吳等十二姓人氏。

大夥兒都同心協力，對於開疆闢土所可能遇到的一些危險毫不畏懼。客家人從來就不會對「開疆闢土」感到畏懼，事實上，他們似乎還非常勇於開疆闢土，勇於投身於一個完全陌生的環境，然後重新開始，刻苦奮鬥，深信憑著自己的雙手必能打造出一片新的樂土。

長久以來，客家人的文化始終充分表現出一種濃厚的移墾社會的痕跡，他們是相當特殊的一個族群。

客家族群原是中原的漢族，秦始皇併呑六國以後，派趙陀等率五十萬部將至廣東北江一帶，這是史上客家族群第一次大規模的遷徙。後來，客家族群又經歷了五胡亂華、黃巢之亂以及宋室南渡等三次大規模的遷徙。每一次遷徙行動，顯露在外的理由或許不盡相同，但在本質上、精神上卻是相同的，都是一種不妥協的堅持。所謂「客家人都是硬頸」的說法，就是形容他們這種不願向強勢低頭的特性。而爲了這種堅持，他們寧可放棄舊有的一切，將自己大膽置於一個未可知的環境，重新

・爲了躲避元朝官方的搜捕，客家人不得不躲入山區，而且「入山唯恐不深，入林唯恐不密」。

・明代以後，由於流寇橫行以及明室衰敗，清兵南渡，許多客家人紛紛投入抗清的行列，因此追隨高舉「反清復明」旗幟的明鄭部隊來到台灣。

•清乾、嘉年間，客家人做了最後一次大規模的族群遷徙，這一次的行動卻與政治無涉，而是因生活安定，人口激增，而山區的耕地本來就有限，許多客家人便毅然選擇要往海外發展。也因此現在世界各地都有客家人的足跡。

打天下。客家人是一種勇於冒險的族群。

尤其是自五胡亂華以後，中原王室式微，客家人抗爭失敗，在不願屈服爲他族子民的情況之下，於是大舉南遷，改以耕作爲生；但他們並沒有忘記熱愛讀書的傳統，於是，就產生了「晴耕雨讀」這樣良好的祖訓。

宋室滅亡之後，客家人因曾協助宋室力拒蒙古人，自然就成了元朝官方搜索追捕的主要對象，不得不再度引發大規模的南遷行動，這一回他們到了廣東和福建一帶的山區。

也就是在這個時候，客家人的許多特性都日益明顯起來。他們總是一襲藍衫（因爲藍衫耐髒）；偏好「前中後三座落，左右二列橫屋」的建築型式；婦女特別能幹，既能持家，又能耕作和勞動，再加上普遍崇尚勤儉和踏實，凝聚力似乎也特別強，這些都是一談起「客家人」，外界很容易就產生的鮮活印象。

簡單來說，所謂的「客家人」，大抵是在元代以前歷經數次南遷，才逐漸形成的一種特殊的族群。

最早來到台灣的客家人，雖是跟隨鄭成功的部隊而來，但人數並不多，明鄭覆亡以後，大都被清廷遣回原籍，接著又碰到清初禁止移民渡台的政策，因此，客家人較大規模的移民台灣，是清康熙中葉以後的事。由於來台的時間不同，環境也不同，再加上與其他移民間的一些互惠與衝突，造成客家人在這個島上又做了幾次遷徙，還有許多是被福佬人所同化，逐漸形成現今南北兩大客家族群以及在花東縱谷散居的分布狀態。

早期來台的客家人，泰半都是在打狗港、下淡水溪或東港等地登陸，然後再沿著下淡水溪入據屏東竹田、萬巒、高樹和高雄美濃一帶。稍晚之後才有其他的客家

•這裡所指的打狗港，卽高雄港；下淡水溪，卽高屏溪。

•從目前的現象來看，台灣的客家區可大致分爲北、中、南、東四個地區。

•北部地區的客家人，大都是指桃、竹、苗三縣的客家人。

•中部地區的客家人，移民之初分布的地區較廣，包括今豐原、潭子、東勢一帶，現在則只有台中的新社、石岡、東勢以及南投的三個山地鄉有純客家人的聚落。

人從鹿港、草港登陸，墾拓彰化、雲林和南投等地。

南部地區的客家人，一般都稱爲「六堆」客家人。這是因朱一貴起事時，聚居在高屏溪沿岸的客家人組成鄉勇，以居住地爲單位，分成六堆（或稱六隊）以進行保衛鄉里的重任；這個組織後來繁衍爲平常的團練組織，「六堆」乃漸漸轉化爲地域的稱呼。

康熙末年，在荖濃溪和楠梓仙溪的兩岸，甚至瀰濃溪下的西岸，已有河洛人和客家人的村落。河洛人有旂尾、主巾寮（在旗山鎮），牛埔（在美濃鎮），搭樓、中萬甲等（在里港鄉）等庄，客家人則僅有武洛一庄。林豐山和林桂山兄弟原來就是武洛庄的客家領袖。

林豐山和林桂山兄弟倆率領大夥兒在靈山山下建立開庄伯公壇，除了讓大家有心理上的寄託之外，也有實際的功能。因爲當時那一區原爲傀儡番，傀儡番的勢力

•六堆的客家人，因爲曾經集結爲武力團體，並不像其他地方僅是移民所組成，所以，凝聚力和向心力更強。

•「六堆」實際上是分爲中堆、前堆、後堆、左堆、右堆以及先鋒堆。中堆位於現今之屏東縣竹田鄉，前堆包含長治及麟洛兩鄉，後堆則在內埔鄉境，左堆包括最南的新埤及佳冬兩地，右堆爲高樹及高雄縣的美濃鎮，屏東的萬巒則位於這些堆的大後方，鄉勇大都被調爲先鋒部隊，稱爲「先鋒堆」。

•當時所謂的「傀儡番」，就是今天魯凱族出沒的遊獵地，也就是石碑番漢界線以外的地區。

•林豐山和林桂山兄弟將新開拓的地區定名爲「瀰濃」之後，以後墾殖的範圍就逐漸擴及到今美濃市街東方的畚箕湖一帶。

•有關「瀰濃莊」的出現，在乾隆十七年載入王必昌所修的《重修台灣縣志》疆域圖中。

還很盛，大夥兒爲了生命安全，不敢夜宿於新開墾地，於是便將農具、耕牛放置於最西面的開庄伯公壇處；每日清晨從武洛渡溪北上，來此處取耕牛和農具耕種，到了黃昏，把東西放回原地之後，再渡溪南返。

如此不辭辛勞經過數年的開墾，漸漸有所成就，大夥兒就在牛埔之東，沿瀰濃溪而上，在溪的北畔，逐次建造了房舍，結聚成莊，成爲今天美濃鎮內最早出現的瀰濃莊。

乾隆十九年，林豐山和林桂山兄弟先後去世，由林桂山的長孫繼續領導庄民。二十年後，在林庄四周築柵架砲，於是裂土分產，各姓分得由茎濃溪畔越美濃溪至山腳的一長條土地，成爲各客莊分配土地中，最具體的事例。

•客家人在台灣，由於人口少，再加上移民時間較晚，墾拓的地區大都爲丘陵山區或貧瘠之地，只要一遭逢戰禍或天災，生活便無以爲繼，往往就只好再度遷徙。六堆地區的客家人，在清末及日治時代初期，也有不少人受迫於生活壓力而移居花東地區。如今台東的關山、池上、鹿野以及花蓮的吉安、玉里、瑞穗等地，仍然散居著不少的客家人，客家話也是當地一種通行的方言。

劉銘傳與台灣

劉銘傳在台灣不過短短六年，但因眼光獨到，膽識過人，銳意開發的結果，使得台灣煥然一新，影響後世深遠，被尊稱為「台灣現代化之父」。

夜已深了，大家都睡了，劉銘傳仍然在燭光下振筆疾書。

這個時候是光緒年間，中法戰爭爆發，清廷命劉銘傳駐守台灣，認眞的劉銘傳現在在深夜埋頭苦寫的，就是要上奏給清廷的報告。

在這分報告中，劉銘傳認爲台灣應該立刻興辦四件事：

一、台灣和澎湖應該立刻設防。

二、台灣和澎湖的軍政應該立即講求操練。

三、全台灣的賦稅應該趕快淸查。

四、全台灣的生番應該趕快招撫。

思路清晰的劉銘傳並且指出，前三件事可以同時辦理，唯獨第四件事——招撫生番，非常不易，應該等到前三件事都辦理妥善之後再進行。同時，劉銘傳也認

•台灣在當時不僅列強環伺，更是日本心目中第一個「殖民地的最佳目標」。

•西元一八八三年，中法戰爭爆發。一八八四年，法海軍封鎖台灣海峽，劉銘傳率台灣軍民分別在基隆、淡水擊敗法軍。

爲，其他像安設電報、造橋修路以通南北，以及清理屯墾、開礦採木，也都非常重要，應該儘快處理。

劉銘傳在這分奏章中，展現了難得的見識和希望好好建設台灣的雄心。他甚且直言台灣需要設「巡撫」一職，駐守在台灣專辦台灣事務，因爲台灣爲七省的門戶，地理位置相當重要，每當西方國家一有任何挑釁行爲，都想先吞掉台灣；劉銘傳認爲，台灣既然孤懸於海外，應該能夠自給自足，設了巡撫之後，一遇任何情況才可以機動調整，及時應變。最後，劉銘傳再三強調，他在台灣訪查多日，深知台灣大有可爲，認爲朝廷應該加緊經營。

可惜，這份頭頭是道的奏章，一時間並沒有得到朝廷積極的回應。台灣建省的事歷經沈葆楨、左宗棠等大力鼓吹，一再上奏，最後才終於在清光緒十一年（西元

• 當時隨同劉銘傳走馬上任的是浙江紹興舉人秋壽南，也就是革命先烈秋瑾的父親。秋瑾在十一歲時，曾經和母親一起來台北居住了三個月。

一八八五年）付諸實現，台灣正式建省，成為中國第二十個行省，而劉銘傳因為在中法戰爭中保台有功，被派為第一任台灣巡撫。

這一年，劉銘傳五十歲。

劉銘傳在中法戰爭期間即到達台灣，事平後以閩撫身分留台辦理事後事宜，並立刻大刀闊斧的展開各項現代化的建設，包含的層面非常廣泛，諸如軍事、制度、教育和交通，無所不包。劉銘傳經常激勵部屬，希望大家齊心齊力，共同「以一隅之設施，為全國之範。」大家看著這面色黃黑、其貌不揚的巡撫，都深深訝異在他那麼清瘦的身軀之內，怎麼會有那麼堅強的意志？

在台灣各項現代化建設中，最重要、最突出、影響也最深遠的硬體建設就是鐵路。鐵路無疑是當時西方文明最具體也最鮮明的代表，甚至鄰近的日本也早在西元

•劉銘傳力主清廷興建台灣鐵路的理由包括：

一、便於海防。台灣爲海上重鎭，是東南各省安危之所繫，欲保東南各省安全，就必須確保台灣，在台灣欲從事建設，就必須先建築鐵路。

二、便於建省。建築鐵路與興建省城必須密切配合，鐵路開通之後，自然就會帶動商業興盛。

三、便於工事。台灣自北而南，如果步行需要十三、四

（接下頁）

一八七二年，就已經有了第一條鐵路，行駛於東京和橫濱之間。其實，劉銘傳提倡建設鐵路的時間極早，早在光緒六年，他還在內地時，就曾經上奏希望建造鐵路以圖自強，所以於一八八七年到台灣後，他就上奏了一分〈擬修鐵路創辦商務摺〉，仔細陳述了興建鐵路的必要性及必然會帶來的利益。

在李鴻章及主政的醇親王奕譞的支持下，這一次所幸很快就得到了回應。於是劉銘傳便在上〈擬修鐵路創辦商務摺〉的同年，著手動工，在台灣建設中國第一條官辦且運客的鐵路。他把鐵路總局設於台北，從事招股，響應的人很多，先後聘德國人墨爾溪爲監督，英國人馬禮遜等人爲工程師。

這條鐵路以大稻埕爲中心，計畫要從基隆建到台南。但是與中國內地一樣，工程一開工就立即遭到民間

（接上頁）

天左右，而且一路溪流廣闊，港灣分歧，只要一有大水就阻礙不通。所以，一定要先發展境內陸上交通，增加運輸效率。

•西元一八七六年，英國商人所建的上海淞滬鐵路，甫通車就因民衆過於恐慌而被拆毀。

強烈的反對，大家紛紛質疑：「火車不是很危險嗎？爲什麼一定要蓋這麼危險的東西呢？現在這樣不是已經很好了嗎？」

甚至還有人繪聲繪影的說：「聽說火車是『黑色妖馬』，會吃人的呀！聽說在內地就吃過好多人了，我們爲什麼要讓這種怪物跑到台灣來呢？」

在這些極具殺傷力的耳語傳播之下，地方紳商都不肯拿錢出來合資興建鐵路。劉銘傳爲此再三拜訪這些地方紳商，不斷向他們保證：「建鐵路是發展台灣內陸交通一勞永逸之大計，只要南北縱貫鐵路修好了，一定可以刺激商業，帶動一切建設和商業活動，到那個時候，人人都會因鐵路而受惠，而最先受惠的不也就是本來就擁有堅強經濟實力的各位嗎？」

終於，這些富商一個一個的都被他說服了；即使對他所說，鐵路能帶來那麼大的利益仍然半信半疑，也不免爲他堅強的意志所懾服，而同意合資興建。

西元一八八八年，第一段從大稻埕到松山的鐵路完工通車了。通車第一天，圍觀的民衆一個個驚恐萬分，目瞪口呆的看著「騰雲一號」這「黑色妖馬」，果眞在煙霧之中轟隆轟隆的快速駛來，速度之快，是大家過去根本想像不出來的，而「黑色妖馬」身軀之龐大，也令大家感到十分吃驚。

剛開始，沒有人敢走進「黑色妖馬」的「肚子」裡，漸漸的，在幾個膽大的人躍躍一試之後，才慢慢有人跟進。

當時的鐵路，路廣十一點二公尺，軋條闊三尺六寸，重三十六磅。火車本身分上、下兩等，設備很簡單，每車長兩丈，載客和載貨的車都差不多，設有十六

•當時的火車除了編列號碼之外，都還另有別名，諸如「騰雲」、「御風」、「超塵」、「掣電」等，都是取其「車行迅速」之意。火車頭重十五噸或二十五噸。

•第一個在台灣行駛的火車頭叫做「騰雲一號」，是德國製造的，原來行駛於上海和吳淞之間。

•每年農曆五月十三日，台北大稻埕霞海城隍廟的祭典，十分熱鬧，聞名全台。雖然該廟規模並不大，但民間傳說都相信該廟處於「蜂巢穴」吉地，因此反而地方越小越好。霞海城隍廟的歷史頗為悠久，是在咸豐九年（西元一八五九年）所建，民國二十三年曾拆卸重修。

處車站，都為土造的，稱為「火車房」，各站僅設「司票」及「司錢」一人。剛開始通車的時候，由於大部分民衆對這些「黑色妖馬」仍然心懷恐懼，敢坐的人並不多，所以班次也不多，最初每天往返六次，後來甚至改為每日往返四次。有趣的是，當時並不需要先買車票，還可以用郵票坐車，而且沿途招手就可搭車。

「怎麼辦呢？大家搭乘的情況並不踴躍……」幾個官員都憂慮萬分的向劉銘傳報告。

「沒有關係，再過一段時間，大家自然就會知道火車的好處了。」劉銘傳信心十足的說，隨即又吩咐道：「對了，過兩天不就是大稻埕霞海城隍的祭日嗎？我們不妨臨時加開班車以方便香客們往來。」（另有一說，逢年節，火車即停開。）

接下來，在劉銘傳強力推動之下，台北到基隆之間

•除了「曠宇天開」四個大字，劉銘傳還親手書寫了一幅對聯：「十五年生面獨開羽轂飈輪從此東莊通海嶼，三百丈巖腰新闢天梯石棧居然人力勝神工。」

•台北至基隆線於光緒十七年（西元一八九一年）十月通車，台北至新竹則於光緒十九年正月完工。

的鐵路，也順利在西元一八九一年完工通車了，兩年後並延伸到新竹。

從台北到基隆之間這一段鐵路，在興建的時候非常辛苦，因爲沿途經過松山、八堵到基隆，必須開一條隧道穿過獅球嶺。開隧道的工程異常艱辛，沒有幾個人有信心可以開得成，但是劉銘傳仍然意志堅定：「古時愚公可以移山，況且今人只是開一條隧道。大家咬緊牙關的幹吧！我就不信這隧道開不成！」

後來，這條幾度難產的隧道終於開成了，劉銘傳的內心相當激動，親筆在隧道出口處題上「曠宇天開」四個大字。

「今天你們所做的努力，必將造福後代，未來台灣世世代代的子孫一定都會感激你們的，而且，我也相信台灣同胞很快就能感受到鐵路的好處，並且善用鐵路，

不會辜負你們建造鐵路所流下的血汗！」劉銘傳由衷的嘉許這些建造鐵路的無名英雄；另一方面，這番感言多少也反射出劉銘傳內心的委屈和寂寞，爲了建造鐵路，劉銘傳背負著許多人對他「剛愎」甚至「草菅人命」的批評，但他始終堅信自己是對的。

劉銘傳說得沒錯，接受火車的民衆果然慢慢的增多了，不久，台北基隆線平均每日載客五百人，台北到新竹則爲四百人。不過，因爲當時基隆河水流還很深，坐船的費用比火車便宜得多，鐵路還是無法與舟運競爭，每個月都虧損累累。

光緒十七年，接任的台灣巡撫邵友濂以建造鐵路耗費太大，成效又不彰爲由，停止了劉銘傳原先所擬定的興建鐵路計畫，甚至還拆掉了一些原先已經建好的鐵路。

劉銘傳是在光緒十六年的冬天離開台灣的。除了因爲堅持建造鐵路而引起許多反彈之外，淸賦工作也得罪了很多旣得利益的巨室，光從淸賦工作完成後，稅賦就驟然增收四十九萬餘兩一事來看，就知道有多少有錢人怨恨劉銘傳了。

但是另一方面，當然也有很多小老百姓十分感謝劉銘傳，因爲劉銘傳爲台灣帶來了現代化的生活，包括設立現代化的郵政局及架設電報。

其實早在西元一八七七年，福建巡撫丁日昌已經開設了兩條線的電報，一條是從台南府城到安平，一條是從台南府城到旗後（現在的高雄），台灣是中國最早架設電報的地區。劉銘傳接任台灣巡撫後，繼續拓展電報線路，先是架設了基隆、淡水到台北之間的電報，再完成台北經淡水到海峽對岸福州之間的電報。在劉銘傳擔

•丁日昌所建的電報線，每單位收兩角洋錢，對一般升斗小民來說，是一個大數字，因爲兩角洋錢在當時已經可以買一斗米了。

•為了顯示對西式學堂的重視，劉銘傳把自己的孩子也送進學堂受教育。劉銘傳曾經不止一次滿懷抱負的表示：「我希望將來能由台灣自己培育出一批批的人才，共同參與各項的建設。」

任台灣巡撫的前兩年之內，電報線從南到北普遍的建立起來，一些主要城市如台北、基隆、新竹、彰化、台南和嘉義，都設立了電報局，總局則設在台北。

台灣郵政總局也設在台北。劉銘傳參考中國海關郵政的做法，在全省各地廣設正站、腰站及旁站，定下郵寄路線以及遞送信件的時間。

台灣的郵政事業及電信事業，經過劉銘傳的銳意改革和推展，已具備了現代化的規模。

在教育改革方面，除了因應電信事業需要而設立的電報學堂之外，劉銘傳也積極設立西式學堂。在這些西式學堂裡，授課重點除了中國的經史子集之外，還加入了數學、測算、史地，以及英、法、德文；這也可充分看出劉銘傳的眼光，他絕不要這些來上學堂的孩子，只會搖頭晃腦、咬文嚼字的死讀書，而是希望他們在學習固有的中國文化之外，也能深入學習西方文化的精華，將來方能在時代大潮流的衝激之下，一展抱負。

劉銘傳另外一個重大的改革就是「丈田清賦」。這是台灣歷史上一次極爲重大的制度改革，甚至可以說是台灣史上第一次賦稅改革。改革的結果，雖然比起過去是大爲公平，國家的稅收也增加了，但如前所述，卻也得罪了不少既得利益的人，這些人可把劉銘傳恨得牙癢癢的。

西元一八九一年，劉銘傳在強大的反對壓力之下，以及體弱多病的困擾，不得不黯然去職。當他搭著船正準備要離開基隆港時，剛巧看到一艘日籍的商船正要駛入基隆港。望著這艘懸掛著日本太陽旗的商船，劉銘傳不禁感慨萬千的說：「唉，他日日本必然就是台灣的禍害啊！」

•除了「丈田清賦」外，劉銘傳還有另外一項重要的財政改革，就是將獲利較高的樟腦與硫礦兩項生產事業畫爲官辦，並且實施專賣制度。

•連橫在《台灣通史》裡曾說，台灣三百年間，吏才不少，但眞正有長遠眼光來經營建設台灣的只有兩個人，一個是鄭成功的參軍陳永華，一個就是劉銘傳。

劉銘傳在台灣不過短短六年，已使台灣煥然一新，就連駐福州的日本總領事館的總領事上野專一，都十分注意劉銘傳在台灣所推行的「洋務運動」，而特別向日本外務省請求，讓他一年之內要有半年的時間住在台灣，就近觀察和記錄劉銘傳的種種做法，再節節上報外務省。在上野專一的報告中曾說，當時在中國所有的都市裡，除了上海的租界外，最現代化的都市就是台灣的台北。

說來實在諷刺，對劉銘傳評價最高的不是清廷，而是對中國有侵略野心的日本人。

劉銘傳的確是花了一番心思來建設台北市。他一接任台灣巡撫，便積極在台北城四周建築城垣，並且重新規畫街道，又從國外引進第一部蒸汽碾路機，把台北市街道鋪上石塊或石板，從此台北街頭不再塵土飛揚。有了平坦的道路之後，劉銘傳再從上海引進了馬車和人力車。

此外，更令大家嘖嘖稱奇的大手筆是，劉銘傳在石板街道上架起了電線桿，裝上電燈，帶台北市民進入了電器化的時代。他本來也想裝設自來水，後來因經費不夠，只得先在府城裡裝設有泵浦的公井，解決都市用水的問題。

劉銘傳離開台灣四年後，清廷因甲午戰敗，把台灣割讓給日本，劉銘傳內心的憤恨和鬱悶，可想而知；當時他已在病中，這種情緒上的打擊更加重了他的病情。就在日軍占領全台之後的第二個月，劉銘傳死於老家合肥。

人稱「台灣現代化之父」的劉銘傳，就這樣充滿遺憾的走了。

- **當時台灣老百姓普遍都仍用花生油來點油燈。**
- **西元一八八八年，劉銘傳在台北設郵政總局，由綠營兵勇傳遞信件。**

日本對台的經營

西元一八九五年，清廷割讓台灣，日本開始對台五十一年的殖民統治。

日治初期，歷經三任總督都無心也無力經營台灣，直到一八九八年，第四任台灣總督兒玉源太郎與他的副手後藤新平來台，才聯手認真經營台灣，把台灣逐漸帶回到持續建設的正軌。

日本治台初期，歷經三任總督，都認爲台灣不過是「因戰爭而得來的戰利品」，一切以軍事掛帥，由警察、戶口制度形成了嚴密的控制系統，執法也相當嚴格，並沒有開發和建設台灣之心，再加上初期抗日事件層出不窮，也把日本人搞得焦頭爛額，甚至還有人建議不如用一億日圓的代價把台灣賣給法國，或乾脆還給中國算了。

直到西元一八九八年，第四任台灣總督兒玉源太郎與他的副手——民政長官後藤新平來台之後，展開新政策，以不破壞台灣原有社會組織爲原則，有技巧的籠絡人心。

後藤新平是一位留德的醫學博士，爲人嚴謹實在，有一句說一句。上任之初，新聞界希望他發表一些施政方針，他竟表示：「我現在連台灣的情況都還搞不清楚，哪能制定什麼施政方針呢？」

果然，自一九〇〇年起，後藤在台灣展開了大規模的所謂「舊慣調查」，把台灣過去的司法、行政法和經濟產業狀況都查得清清楚楚；這些調查可說是相當重要的基本工作，爲日本在擬定殖民地的施政方針上，提供了最具體，也最周密的參考。

當時所進行的一項非常重要的基本調查，就是針對台灣平原地區所進行的一次精密的土地測量。

爲了這項土地測量，後藤創設了一個臨時台灣土地調查局，自任局長，派出了八百多人，到當時仍然四處有戰亂的全島各地去丈量。

這八百多人在出發之前，後藤親自向他們精神講話：「記住，絕對不可以漏掉任何一塊土地，哪怕是多麼小、多麼不起眼的一塊地，或根本不是耕地，只是小

•土地調查局的人員使用精密的三角來測量繪製地圖，畫出了台灣有史以來最精確的地形圖。

•隱田，指的是沒納稅的田。台灣原本土地所有權的關係非常複雜，一塊土地通常由「墾首」（即大租戶）租給幾個小租戶去耕種，變成同樣一塊土地卻有好幾個名義上的主人。也有的人是發現了新地就逕自開墾，不需登記，造成所有權不清楚，官府也不知道該向誰徵稅，這也變成了「隱田」。後來，台灣總督府的做法是，確定小租戶才是業主，另外則拿出三百八十萬圓公

（接下頁）

貓、小狗所走的路，總之，只要是你們眼睛看得到的地方，統統都要丈量！」

這項土地測量工作因爲後藤的要求非常嚴格，測量人員執行得非常徹底，成績斐然，許多向來都無人繳稅的「隱田」，這下都原形畢露，再也跑不掉了。

其實早在劉銘傳時代，就已經知道「隱田」問題的嚴重：當時估計，全台灣大約有三十六萬餘甲土地，在每四塊田地裡，就有三塊是無人繳稅的「隱田」，國家所漏收的稅收必然極爲驚人；結果經過後藤創設的台灣土地調查局的測量，證實台灣的土地實際上有六十三萬餘甲！

由於這一次精密的測量，後藤方能依此推動了全面性的土地改革。所謂全面性的土地改革，簡單來說，就是簡化了土地所有權的關係，並且鼓勵地主拿公債來參

（接上頁）

債給那些名義上是地主，實際上從來沒有從事過耕作的人，這才簡化了土地所有權的關係。

與工商金融業；比方說，板橋林家參與華南銀行，霧峰林家參與彰化銀行，基隆礦業巨富顏家參與基隆信用合作社等。

一度中輟的鐵路興建工作也再度展開。台灣總督府自西元一八九九年起，興建縱貫台灣西部平原的鐵路，使台灣整個西半部連為一體，形成一個物資流通的網路，完成了劉銘傳當年未竟的心願；為了大量輸出台灣物資，又在縱貫鐵路南北兩端各建高雄和基隆兩大港，作為台灣產品輸出的門戶。

除了像興建鐵路、興建下水道、興修嘉南大圳等水利工程這樣的硬體建設之外，台灣總督府在後藤的主導之下，還有不少對後來影響深遠的軟體建設。

在那個時候，台灣人民的衛生習慣差，傳染病情不斷，為了減少災情，日本官員強制居民接受疫苗接種，

•台灣醫學校就是台大醫學院的前身，創校之初，因爲乏人問津，爲了吸引青年學子前來就讀，不但不收註冊費，每個月還發伙食費與零用錢，就連制服、帽子和鞋子也都是由校方所提供的。

•西元一八九九年，創立台灣銀行，進行貨幣的改革，完成貨幣統一，使台灣與日本處於同一貨幣制度。

•一九〇五年十月一日，台灣實施了第一次的人口普查工作，方便管理。

後藤從日本請了一百多位醫生來台，形成了公醫制度，也是後來各地衛生所的前身。

爲了建立長遠醫療體系所需要的人才，一八九九年設台灣總督府醫學校；一九一九年設台灣總督府醫學專門學校；一九二二年，台灣總督府台北醫學專門學校成立，並且有台灣人到國外學習西醫技術，回來爲自己的同胞服務。

另外，一九〇〇年代初，全台設有一百多個郵電局，只要貼兩分錢郵票，信件就可寄達台灣各地和日本。人和人之間的往來也愈來愈便捷快速。同年七月，台北、基隆、台中、台南、斗六等城市已設有電話局，開辦一般電話業務。

原先，台灣流通的貨幣多達百餘種，幣值相當紊亂，爲了方便交易，減少紛爭，首先將幣制統一，並且也完成度量衡的統一。隨著貨幣和度量衡制度的統一，不但促進了台、日兩地貨物和資本的流通，也加速台灣企業經營走向資本主義，這麼一來，就有助於日本資本家的資本入侵。

此外，台灣總督府也以政府的力量，結合民間一步一步驅逐了外商的勢力，最後，並且奪取了台灣對外貿易的管道，日本至此可說是獨占了台灣所有的利益。

•日治時期台灣首任總督爲樺山資紀。

•西元一九一九年，台灣總督府完工（今總統府）。
•西元一九〇九年，台北有了自來水。
•西元一九一三年，台北開始通行公共汽車。

日治時期農業的發展

為了增加財政收入，日本總督將台灣建立成農業為主的殖民地，確立「農業台灣，工業日本」的政策，企圖將台灣的糧食作物有計畫的經營。其中，併吞糖廠、拓栽甘蔗區域，對台灣農民影響極深。

•早在鄭成功把荷蘭人趕走以前，就有大批漢人種植甘蔗，成爲台灣農業的開發者。荷蘭人尤其重視甘蔗栽培事業。

•日治時期，台灣的農業得到進一步的開發；西元一八九六年至一九三〇年，農業發展集中在稻米和甘蔗，一九〇二年，日本人用補貼方式鼓勵蔗農使用化學肥料。

阿牛在半夜裡忽然醒了過來，他弄不清楚現在是什麼時候，只感覺應該很晚，但又聽到爸爸和媽媽在外頭講話。

阿牛躺在床上，模模糊糊聽了一陣，聽不清楚也聽不懂爸爸、媽媽在說些什麼，唯獨爸爸和媽媽此起彼落的嘆氣聲聽得十分眞切。

「媽！」阿牛走了出來，叫了一聲。

「幹什麼啦，這麼晚了，怎麼還不睡！」媽媽說。

「明天早上我也想去接舅舅。」

「不行！你在家裡幫忙削甘蔗。」

「又是削甘蔗。」阿牛嘟著小嘴道；他知道，媽媽明天是打算用成打、成堆的甘蔗來招待遠道而來的舅舅了。

「那有什麼辦法，現在田裡只有甘蔗了，而且，又不是只有我們家這樣，大家都這樣啊！」說著，媽媽又靠近阿牛一些，小聲的對他說：「你這幾天最好乖一點，爸爸心情不好，別惹爸爸生氣。」

「爸爸爲什麼心情不好？」

「我們家的地要被強迫徵收了。」

「啊！」阿牛嚇了一跳，心裡冒出了一個斗大的問號。

奇怪，當初日本官員才鼓勵他們將田地改種甘蔗，並且還提供外國優良的蔗苗供大家栽種。原本大家還很高興，以爲要有好日子過了，怎麼才沒多久，那一大片茂盛的蔗園就要被徵收走。沒了土地，沒了農作物，農家怎麼過日子？

第二天一早，阿牛提著水桶，打算到附近的小河抓幾條小魚，作爲晚餐桌上的葷菜。

•蓬萊米試作成功，成爲台灣另一重要輸日農產品，稻米、甘蔗因市場價格異動，遂成爲日治時期所謂的台灣經濟「米糖相剋」問題，因米糖均爲日本所需，故殖民者透過公權力加以干預，以達到米糖生產平衡。

在小河邊，遇到了大他兩歲的阿寬。阿寬一看到他，劈頭就問：「阿牛，你們家的地是不是也要被強迫徵收？」

阿牛想起夜裡媽媽告訴過他的話。「好像是吧，我媽說我爸的心情很不好。」

「我爸也是啊，昨天喝到爛醉，還發酒瘋，煩死了！」說到這裡，阿寬忍不住咒罵道：「這些死日本鬼子眞可惡，先是強迫我們種甘蔗，現在又要強迫徵收我們的土地。」

阿寬家裡原是種稻的，雖然收成不是很好，但是一家也還夠溫飽。日本統治台灣初期，認爲蔗糖的經濟價值比稻米高，所以要他們改種甘蔗。

「阿寬，你小心一點比較好啦！」老實的阿牛說：「我媽經常提醒我們不要說什麼『死日本鬼子』。」

•爲了增加財政收入，日本加緊在台灣殖產。台灣製糖業是日本心目中的一棵搖錢樹，所以日本政府特別鼓勵日本大企業從事製糖業，還提供各種有關產銷及金融的獎勵措施。西元一九〇五年開始，日本殖民政府甚至只獎勵新式的製糖工廠，藉以淘汰台灣本地人所經營的糖廠。

•西元一九二二年，台灣稻米生產有了劃時代的進步，蓬萊米培育成功，並且產量迅速的增加。

「本來就是『死日本鬼子』嘛！」阿寬仍然嘴硬道：「他們要我們種稻、種甘蔗、種東、種西，還不是爲了幫他們賺錢。可恨的是，還有一些保正幫他們來欺壓自己的同胞。再這樣欺負我們，總有一天，一定會大亂的。」

在阿寬一迭聲的抱怨中，阿牛已經抓到了幾條魚。

「阿寬，我得趕快回去幫我媽了，今天我舅舅要到家裡來作客。」

「好吧，如果你舅舅給你帶了什麼好吃的，可得留一點給我呀。」

「會啦，會啦！」說完，阿牛就趕緊跑回家去。

媽媽已經開始在削甘蔗了，看到他，有些埋怨的說：「叫你去抓幾條魚，怎麼那麼久才回來！」

「碰到阿寬了啦，」阿牛放下水桶，趕緊開始協助

• 保甲是一種地方基層組織，十家爲一甲，設甲長，十甲爲一保，置保正。

• 作客，是當客人的意思。

•本文中舅舅所言是取材自一則流傳許久的民間笑話。

•光復後所成立的台糖公司，是整合所有日系糖廠而成立的，成爲西元一九五〇年時我國最大的企業。

•台灣的稻米從清代就一直足夠外銷。日治時期，在有計畫的增產下，還能供應日本國內的需求。

母親工作，「阿寬說他們家的地也要被徵收。」

「是啊，大家都一樣慘！」媽媽幽幽的嘆了一口氣。

「就不能不賣嗎？難道日本人要我們的地，我們就非得賣給他們不可嗎？」

「噓！你小聲一點！」媽媽說：「就是不能不賣呀！聽說有的人就是因爲不肯賣地，結果被打得好慘，有的還被關起來了。」

接近傍晚的時候，舅舅終於到了。

舅舅是從台北來的。聽說，台北現在可不得了，日本總督蓋了一座總督府，很多政府機關也都在那兒辦公，十分繁榮。有的人家裡還裝了自來水，水龍頭一打開就有水可以用，不用再到井裡挑水了。

每次舅舅都會說很多新奇的事，聽得大家目瞪口呆。

晚餐時，爸爸和媽媽向舅舅提到地要被徵收的事，對未來生活感到很徬徨。

「這也是沒辦法的事，我們被清廷放棄，成爲人家的殖民地，好像一塊豬肉被架在刀俎上，任人宰割。」舅舅說著，心中充滿著無奈。

「像你還好，認得幾個字，在台北機會比較多。」爸爸這時倒反過來安慰起舅舅，又說：「聽說大稻埕的製茶生意很好，整條街熱鬧得很。只可惜我們一大家子，想要搬遷也不容易。」

「其實日本人也不全然是壞人。」舅舅想了想，竟然爲日本人說起了好話。

「這些年來，他們也做了許多有建設性的事。」

日本人爲了讓台灣人變成與日本國民利害與共的

•香蕉和鳳梨都是當時的高經濟作物，外銷產量僅次於米和糖。

「國民」，所以後來加速發展同化主義政策，設了學校，鼓勵台灣人接受教育，並且訂定了衛生、守時、守法的觀念。

「不管做了什麼好事，這也都是爲了他們自己好才做的。」爸爸依然堅持的認爲，身爲被殖民者，就是二等「國民」。一瞬間，爸爸將心中的不滿全集中到了拳頭，用力的敲了桌子一下。

一家人，連同舅舅，胃口都被打了折扣，悻悻然的低頭吃自己的飯。還好媽媽出了聲，打破沈默。

「我剛剛在庄口遇到阿良兄，聽說他現在每天到台南的罐頭工廠工作。」媽媽說。

「沒有了地，只好出去找工作，一家人吃飯才有著落。」爸爸回應。

「現在在台中、高雄一帶有不少罐頭工廠成立，聽說這些工廠都在製造鳳梨罐頭，還運到世界各地賣吔！」舅舅的資訊還是豐富得多。

「政府徵收甘蔗園之後，我們就只剩下一小塊地，要不，我就隨阿良到工廠做工，要嘛，那小塊地就來種香蕉，聽說現在香蕉的價錢也不錯，只不過，就這麼一小塊地，能種出多少東西……」

「時到時運轉，別煩了。」媽媽怕爸爸這一說又破壞了氣氛，忍不住打斷他的話，催促說：「阿舅難得來一趟，坐車、走路忙了一整天，阿牛，你把早上削的甘蔗皮搬來當柴火，燒個熱水給阿舅洗腳洗臉。」

嗯！夜空上的月娘早就掛在頂上許久，是該休息了，睡個覺起來，也許，也許還有其他的轉機。

阿牛心裡默禱著。

後來，日本全面強制用低廉的價錢收購甘蔗，不肯賣的，就被拘留或毆打，因此在西元一九二五年，二林發生了蔗農抗爭事件。同時也因爲日本人大量強迫廉價收購農民土地，以供日本企業使用的政策，造成台灣在日治時期社會貧富差距極爲懸殊的現象。大多數台灣人民只得爲日本企業做廉價勞工，工資不到日本人的一半。

•「原料採取區域制」係保障機器製糖廠甘蔗穩定來源。在規定區域內，甘蔗的收購數量、價格、品級均由指定糖廠自行決定，蔗農無權過問。基於此，蔗農變成單純的原料供應者，或土地勞動者。因此，一九二五年爆發日治時期第一件農民運動——「二林事件」，即由蔗農所發動。

城市的開發

一個城市的興起或沒落，常常是開發過程中一個最鮮明的表徵。兩百多年前還是一片荒蕪的台北，走過了相當漫長的歲月，見證了北部的開發，逐漸成為今天台灣政治、經濟和文化的中心。

台灣有一句俗諺，叫做「一府、二鹿、三艋舺」，用來比喻台灣過去的三大市鎮。「府」是指台南，「鹿」是指鹿港，「艋舺」就是我們今天所說的萬華。這三大市鎮在台灣發展的歷史上都曾經風光一時，但是隨著時代的變遷，以及種種客觀因素的改變，都已相繼沒落；在三百多年前還是一片荒蕪的台北，反倒成了現在政治、經濟和文化中心。

今天我們所看到的台北市，是從艋舺逐漸擴大發展而成的。考據漢人移墾台北平原的時間，大概推定是始於鄭氏王國年間，實際留有確實紀錄的，則是清康熙四十八（西元一七〇九年）以後的事。當台北市還是荒蕪一片的時候，它的名字叫做「大蜘蚋」（或「大佳臘」、「大加臘」），範圍大致在淡水河以東、基隆河以南，以及新店溪以北。清康熙四十八年，由泉州人合

- 「大蜘蚋」原是平埔族凱達格蘭族所居之地。
- 艋舺是平埔族「獨木舟」的音。

• 一七〇九年，泉州人陳天章、陳逢春、陳憲伯、賴永和、戴天樞五人，合組「陳賴章」墾號。

• 也有人認爲「陳賴章」不是一個「個人」，而是一個「開墾集團」，因爲「他」開墾的範圍實在是太廣了。

• 霞海城隍廟和媽祖宮「慈聖宮」，都是由街民共同捐款興建，前者於西元一八五九年三月十日竣工，後者於一八六九年竣工。各洋行都陸續在大稻埕內設立。

組的「陳賴章」墾號得到拓殖大伽蚋的許可，開始拓展新莊、艋舺等地，這是台北市地區性開拓的開始。

乾隆初年，漢人入墾台北盆地愈來愈多，艋舺因爲地理位置優越，又有舟楫之便，遂成爲台北盆地的貨物集散中心，與大陸閩浙地區也有直接的貿易往來。不久，龍山寺、媽祖宮、清水祖師廟等陸續在此興建，間接也促進了艋舺的發展。道光年間左右，是艋舺的全盛黃金期，不但人口漸多，商務繁榮，市街也迅速拓展，堪稱北部大都；「一府、二鹿、三艋舺」這句俗諺，就是在那個時候產生的。

至少在同治初年左右（西元一八六〇年代初），艋舺還是台灣北部最重要的都市，光緒初年之後，艋舺就已逐漸式微。

造成艋舺式微的主要原因有以下幾個：

●除了外商的洋行，當時也有不少傳教士前來，同樣遭到居民強烈的排斥。

●清末，每天到大稻埕來採茶、揀茶的人達一萬人以上，大稻埕的茶行幾乎是鱗次櫛比。

一、因狹隘的地域門戶之見，所造成的械鬥事件不斷，使艋舺市街也因此元氣大傷。

二、淡水河岸日漸淤淺，造成大船無法靠岸，過去艋舺一直引以爲傲的商業機能日漸減弱。

三、艋舺當地居民的保守和排外思想，也是造成艋舺發展緩慢，甚至停滯不前的原因。因爲其間一度曾有不少外商希望前來發展，可是當地居民都無法了解此舉將可促進地方的繁榮，因而紛紛強烈的表示出不歡迎的態度，造成外商無法立足，只好將洋行設在大稻埕。等到西元一八六六年，劉銘傳指定大稻埕爲商業區及外人居住區之後，更無異是宣告了保守的艋舺終爲大稻埕所取代。

大稻埕瀕臨淡水河，會形成市集的原因，是源自一八五三年艋舺頂下郊拚後，同安人遷居到此處而發展起

•「牡丹社事件」發生於西元一八七一年，六十九名琉球人因颱風漂流至台灣東南端的八瑤灣，結果上岸之後誤入牡丹社，不幸遭原住民殺害。

•台北府城的建築工事，從西元一八七九年正月開始興工，至一八八二年三月終告完成。

來。眞正快速發展則是在霞海城隍廟與媽祖宮（慈聖宮）陸續完工之後，從此大稻埕便以這兩座廟爲中心，迅速發展，商業活動十分熱絡。

後來，劉銘傳在大稻埕大興土木，整修市容，積極使大稻埕成爲當時台灣茶業和樟腦兩項主要出口貨物的最大交易中心，大稻埕更成爲一大茶市，茶業在此集散之後，主要銷往英、美，以及東北、香港、安南、爪哇、暹羅等地。直到清領末期，大陸來台貨物大都經淡水運入大稻埕起卸。日治時期，大稻埕是北部最大的市街，人口僅次於台南，已超越艋舺。直到一九〇八年，基隆港漸近完成，淡水貿易爲基隆所奪，台北主要輸出入品多經基隆，大稻埕乃日益沒落。

牡丹社事件之後，西元一八七五年，清廷才開始察覺到台灣在海防上的重要性，於是接受沈葆楨的建議，

• 現在台北市中山堂及其門前廣場，就是劉銘傳治台時期布政使衙門的舊址。

設置台北府並開始築城。城牆築好之後，城外都是壕溝，並且築東、西、南、北、小南五個城門，還添設砲台。從此，台北也開始進入「城內的發展」。

在台灣開發史上，北部市鎮的開發較南部市鎮遲，而台北市「城中區」的開發又比艋舺和大稻埕晚。

在台北府城牆建築之前，城內大都是水田，但是自西元一八八二年台北府城完工之後，官衙和寺廟陸續興建，府城便開始迅速發展。至一八八五年台灣建省，劉銘傳更駐節台北，從此政治中心正式移至台北。接下來，在劉銘傳的銳意建設之下，台北不但交通方便，市容煥然一新，曾經還有「小上海」的美譽。

日治時代初期，日本殖民政府對台北的經營，大體是沿襲劉銘傳的做法，但是後來經過有計畫的市街擴建之後，台北終於展現出完全不同的都市風貌。

台灣風土系列❶

開發的故事

2000年8月初版
2005年8月初版第五刷

定價：新臺幣單冊180元
新臺幣一套10冊1800元

審　訂　施志汶
著　者　管家琪
發行人　林載爵

出版者　聯經出版事業股份有限公司
台北市忠孝東路四段555號
台北發行所地址：台北縣汐止市大同路一段367號
電話：(02)26418661
台北忠孝門市地址：台北市忠孝東路四段561號1-2F
電話：(02)27683708
台北新生門市地址：台北市新生南路三段94號
電話：(02)23620308
台中門市地址：台中市健行路321號
台中分公司電話：(04)22312023
高雄門市地址：高雄市成功一路363號
電話：(07)2412802
郵政劃撥帳戶第0100559-3號
郵撥電話：26418662
印刷者　世和印製企業有限公司

責任編輯　黃惠鈴
封面設計　劉茂添

行政院新聞局出版事業登記證局版臺業字第0130號

本書如有缺頁，破損，倒裝請寄回發行所更換。ISBN 957-08-2121-3（單冊：平裝）
ISBN 957-08-2127-2（一套：平裝）

聯經網址 http://www.linkingbooks.com.tw
信箱 e-mail:linking@udngroup.com

國家圖書館出版品預行編目資料

開發的故事 / 管家琪著．--初版．
--臺北市：聯經，2000年
200面；14.8×21公分．(台灣風土系列；1)
ISBN 957-08-2121-3(單冊：平裝)
ISBN 957-08-2127-2(一套：平裝)
〔2005年8月初版第五刷〕

1.台灣-青少年文學
2.台灣-歷史-青少年文學

673.2 89010187

親子系列

●本書目定價若有調整，以再版新書版權頁上之定價為準●

教養子女妙招118	桂文亞主編	180
關心我們的孩子	唐媽媽著	100
親子數學	馬文璧・ 文庭澍譯	380
親子妙法50招	施美惠著	120
陪孩子上幼稚園	何采嬪著	150
陪孩子上小學	曾文錄等著	200
陪孩子上國中	康雪卿著	200
老爸日記	王天戈著	180
晚安故事365（二冊不分售）	鄭明進等著	500
陪孩子快樂成長	吳京口述 楊蕙菁整理	160
親子XYZ	邢維禮著	250
女生來做數學	梁崇惠、 楊翠勤合譯	200
親師交流道	聯合報家庭 婦女版輯	200
101個數學問題	梁崇惠、 楊翠勤合譯	200
親子ABC	吳湘文著	350
親子作文	林月娥著	350
學習型家庭	韋淑娟著	180

校園檔案

●本書目定價若有調整，以再版新書版權頁上之定價爲準●

夫子列傳	單小琳著	130
老師家長聯合出招	單小琳主編	150
一個老師的真心話	單小琳著	150
大專女生上成功嶺	張麗君等著	180
常態編班怎麼辦	吳京、單小琳等著	170
老師家長別生氣	單小琳主編	150
如何指導孩子撰寫專題報告	鄧運林主編	160
嬌嬌兒入學	蘇月英著	120
班級經營有一套	林月娥著	160
日本小學教育	洪伯昌譯	250
遊戲學習：大地遊戲DIY	吳望如著	160
如何考上國小老師	單小琳、黃琴文編著	230